永远的一部分

基莉·塔克的第一次冒险

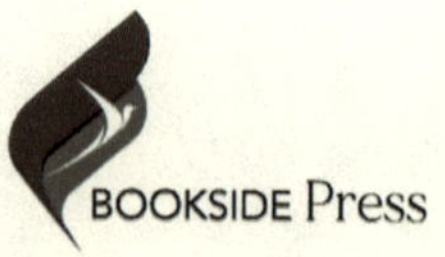

BOOKSIDE Press

永远的一部分

基莉·塔克的第一次冒险

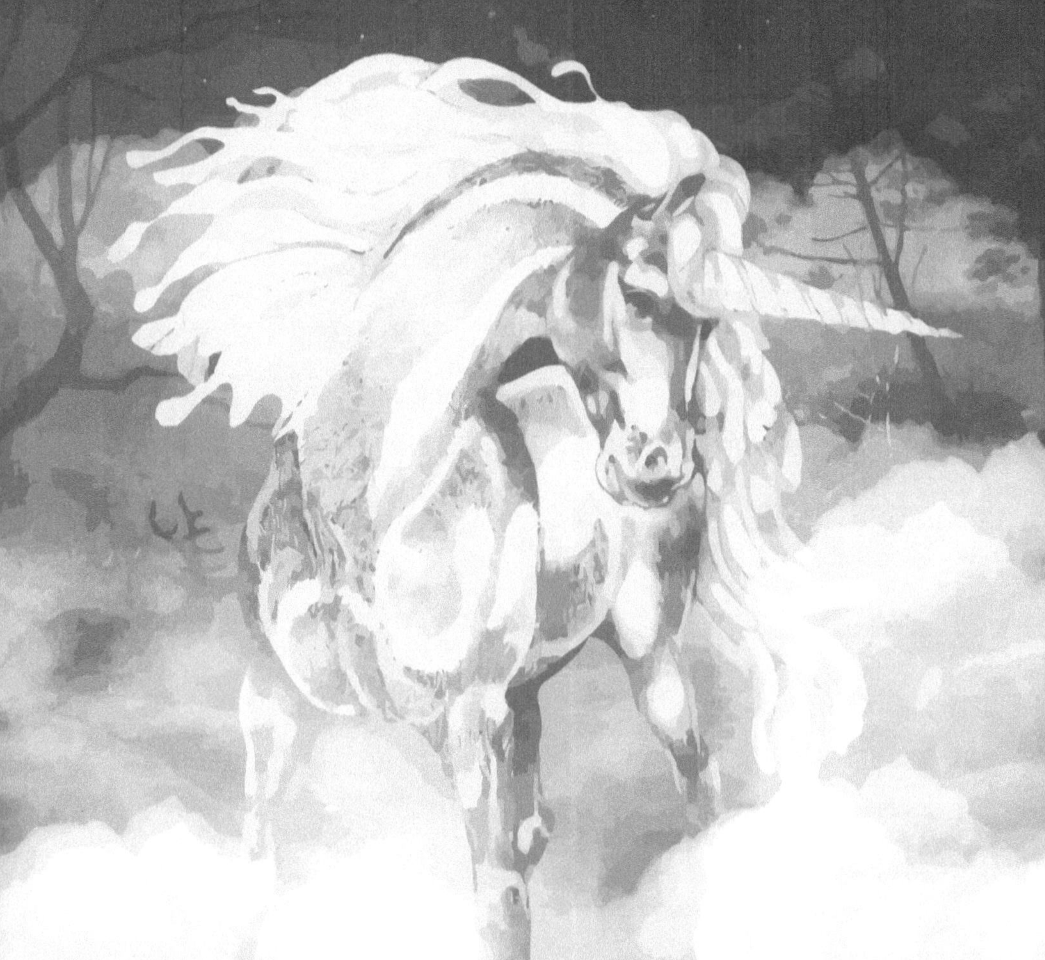

托比·K·戴维斯

ISBN:　978-1-77883-279-6（平装书）

978-1-77883-281-9（精装书）

978-1-77883-280-2（电子书）

BookSide Press
877-741-8091
www.booksidepress.com
orders@booksidepress.com

《永远的一部分—基莉 · 塔克的第一次冒险》

献给我的丈夫，罗布
还有我的唯一婆婆，罗莎莉·拉特克里夫·
琼斯，她的 "永远" 的爱使这一切成为可能。
以及
献给那些相信没有不可能的人们—
希望、愿望和梦想都会成真。

目录

插图

作者：戴安娜·马格努森

　　戴安娜·马格努森是著名的儿童书籍插画家和画廊艺术家，以她对幻想和神话的超凡解读以及广泛的学校出版而闻名。她的想象力装满了一百多本书的页面。她与丈夫一同生活在密歇根，广大的湖泊、悬崖和森林是她灵感的源泉。

前言

很高兴为托比·K·戴维斯的这本书写前言，我强烈推荐它。《永远的一部分—基莉·塔克的第一次冒险》是一本关于爱和友情跨越人类世代的小说，也是关于向非人类生物给予和接受的敞开心扉。它使用非常丰富和迷人的词汇来传达我们周围自然之美和奇迹。代表基莉和她的朋友，它在云彩和彩虹以及它们的颜色中找到了安慰和惊喜的意外可能性，这些颜色成为了有着新朋友和不那么友好的生物的着色河流和家园。风是思维词语和情感的传送带，跨越人类状况的不同阶段和伟大距离。宇宙，云彩、彩虹、风、秘密洞穴和黑暗池塘的家园，总是用大量吸引想象力的方式描述，是基莉冒险的不断背景。

这本书充满了形象和情境，从思维语言到奇妙的独角兽和龙—它们的血脉源自过去的永恒童话故事。但基莉，如果她曾是公主，她几乎不是一个。她坚定地生活在二十一世纪，这并不是一个美丽的背景。困难时期；一个困难、有些神经质的母亲；一个经常在外旅行，从不在她身边的父亲；学校成绩不佳—所有这些不幸降临在她身上，对我们当今时代都太熟悉了。正是她的能力，能够将这一切关掉—将它们屏蔽掉，进入一个包围她的魔法属性的平行宇宙，当她承担对她垂死的独角兽朋友负责并开始寻找一种特殊药水的任务时，这使基莉对读者如此吸引，渴望完全加入她的冒险。她的犬友格劳勒和猫友梅奇几乎是那些将阅读这本书的孩子的替代品，希望他们能在那里确保克莱娅，这只虚弱的独角兽，最终饮下魔法药剂。

基莉是我们中任何一个想要成为的人。她是足智多谋，思考迎接每一组新的困境。她专注于拯救克莱娅的目标。她能够从云层中取水，使用龙鳞作为跳石，沿着陡峭的瀑布斜坡下降。她在绕过龙并超越其他人学会如何从独角兽那里飞行方面毫不畏惧。《永远的一部分—基莉·塔克的第一次冒险》是一本伟大的书，也许会鼓励孩子们重新思考他们可以做什么，将"不可能"变为"可能"，正如基莉所说。毕竟，一切始于想象，这可能是引发成为现实的思想的书籍，正如所说的那样，思想是行动之父。

—阿尔伯特·A·蒂博，退休高级外交官，曾在多个美国驻外大使馆担任最高职务，目前正在撰写一本关于美印关系的书籍

序言

谁曾想到，我的枯萎心脏能够重现生机？
乔治·赫伯特，《花朵》（1633年）
在一粒沙里看到一个世界，在一朵野花中看到一片天堂，
将无限放在你的手掌中，将永恒压缩在一小时内。
威廉·布莱克，《无辜的征兆》（1803年）
想象力比知识更重要...
阿尔伯特·爱因斯坦

《永远的一部分—基莉·塔克的第一次冒险》讲述了一个孩子从绝望到信仰，从自卑到自尊的旅程，她唯一拥有的工具是想象力—希望的关键。故事充满了侵入人心的形象和触动心灵的角色。随着基莉经历转变，各种主题交织在一起；爱、宽恕和成功的意愿推动她去做她从未梦想过的事情。她周围的其他人都受到她克服恐惧的坚韧、在看似不可能的地方找到解决方案的启发。独角兽、火龙、其他神话中的生物、魔法药水，以及从天堂边缘到永远部分的瀑布，都丰富了冒险，直至最后的结局。

棍棒和石头

或许能伤我肉体

但言辞

永远不会伤我

匿名童谣

第一章

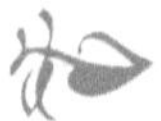

棍棒

黄金细粉从基莉·罗莎莉·塔克的托着的坚韧掌心中缓慢而稳定地滴落。小颗粒粘在她弯曲的指关节角上，当她试图将这珍贵的金粉末滑入她婆婆的退休手袋时，它们卡在了那里，这个手袋是她从好威尔袋里重新拿出来的。基莉的额头上布满了汗水和有点黄的沙粒。收集金粉是一项严肃的任务，要求全神贯注，时间至关重要。这项任务必须在太阳达到天空最高点之前完成。她必须记住并准确地说出她的婆婆在将近五年前，她五岁生日的时候教给她的话。只有风能够捕捉这些声音的低语并将它们远远吹向那个没有人去过的地方，那里的雾气悬挂着彩虹，树木挂满了星星。在那里，独角兽呼吸着紫色的空气，轻轻咬着闪闪发光的果实，用他们的笑声之片段点缀云层，等待着孩子的远方呼唤。

"你到底在干什么？我已经告诉你一千次了：在开始在这个灰土堆里玩之前换衣服。进房子，现在就去换衣服。一！二！"基莉不想让妈妈数到三，因为那意味着自动被禁足，还会有更大声的叫喊。

"我去，我去。"眼泪无声地滑进基莉的眼睛。那一刻再次过去了。它会永远正确吗？她的妈妈永远不会理解。

收集金粉是一项严肃的工作

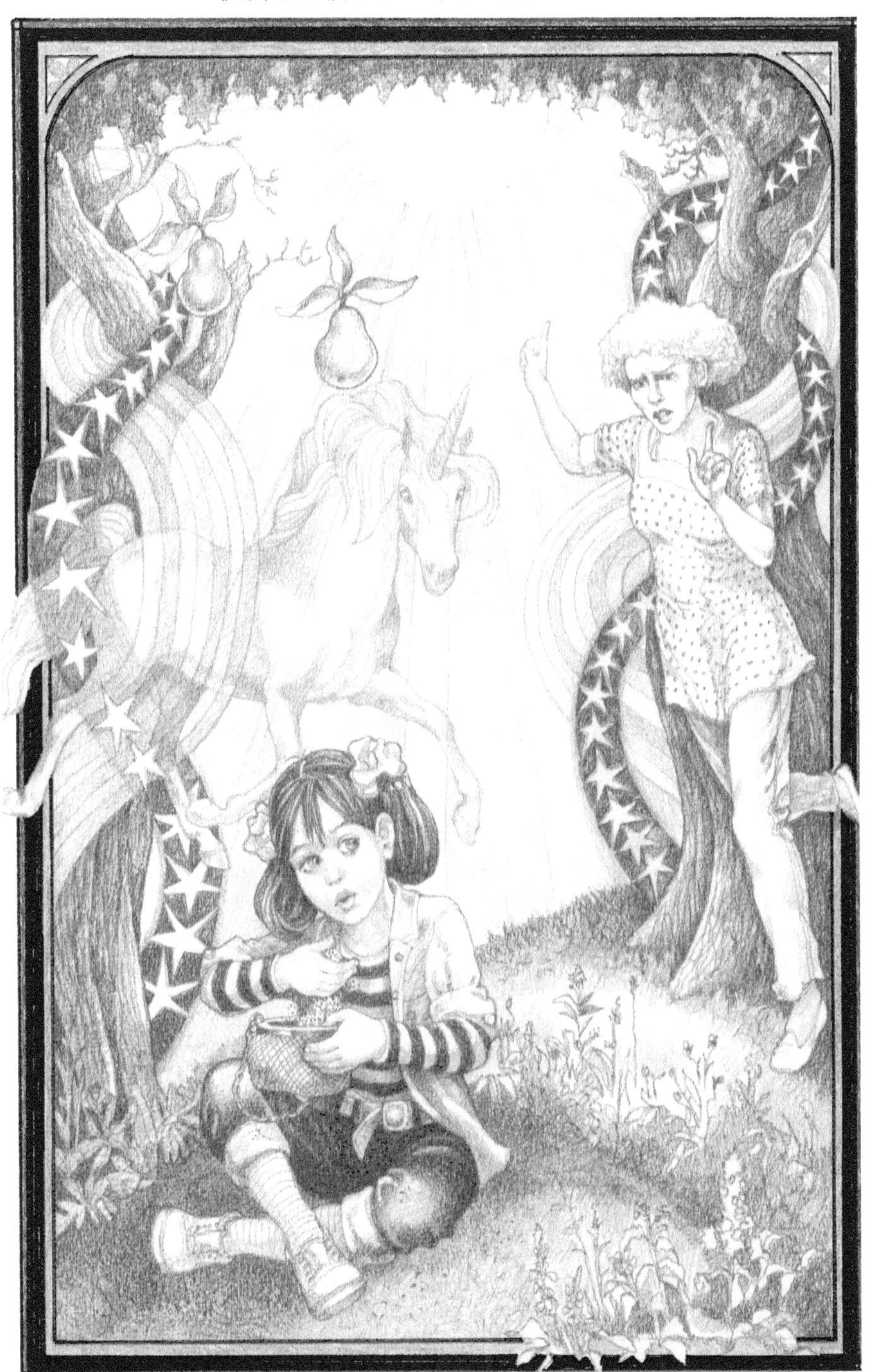

当基莉自己都不确定时，她怎么能理解呢？

基莉站起来，拍去她心爱的衣服上的宝贵沙粒—深蓝色的直筒牛仔裤和一件红白条纹T恤，上面穿着去年已经褪色的蓝色双口袋西式衬衣—袖子卷了起来。她的灰白色细条纹袜子，保留着美好的日子，从深紫色的没有鞋带的"仿制品"匡威运动鞋的脚踝处露出来。所有这些衣服都是她的婆婆送的生日礼物，都是在孟菲斯的沃尔玛或塔吉特商店的最后清仓销售中购买的。然而，是基莉自己将这些衣服搭配在一起以适应自己的心情。她的刘海几乎遮住了她的眉毛，她花了一会儿时间把自己制作的略微倾斜的双马尾翘回来——左边的那个在耳朵上方更高些，揭示了深翠绿的眼睛，闪烁着坚决。一些棕色头发的小块逃离了红色发圈，太紧紧地贴在她的头上。

当她转身走向她的房子时，她意识到她忘记了她的金粉袋，又返回去拿了回来。一个响亮而熟悉的声音挑战了她："嘿，呆瓜！是的，我在和你说话。过来，把我的自行车上的泥巴刮掉。你知道，要是现在不你做，我会做什么。天哪，我真不敢相信我竟然允许像你这样的失败者碰我的自行车。你太傻了，连我要给你这个特殊荣誉都意识不到，但我爸爸总是告诉我要对愚蠢的动物仁慈，这就是我正在做的。你知道吗，他们应该叫你傻基莉，或者更好的，大笨蛋，因为你又慢又笨。大笨蛋，大笨蛋，大-笨-蛋，大笨蛋是你的名字。"达雷尔唱道。"不要用草。用你的衬衫擦拭挡泥巴的挡泥板。"

达雷尔是四年级里最大的孩子，恶霸是他的称号。他喜欢欺负小孩，尝试让他们哭泣；偷取午餐盒里的饼干和布丁；扭曲手臂，如果有孩子告诉老师，他就会送出"绳索烧伤"的礼物。达雷尔以弱者为猎物，那些害怕他，从不反抗的人。不幸的是，他是基莉的邻居，住在她家巷子里的第四个房子。骚扰和取笑她是达雷尔的主要爱好，他经常跟踪她，以便尖叫恶意的话，试图让她哭泣。

此刻，基莉站在无主之地，正如婆婆曾称之为你永远不想呆的地方——离房子太远，即使死跑也来不及，也无法呼喊她妈妈帮助她。她转向达雷尔，离她有几步远。没有逃脱的可能。

基莉的无声叹息与她心中的秘密池中的眼泪融为一体，她试图将所有不好的事情都储存起来。她听到自己的心跳因害怕而急剧加速。"我做就是了，达雷尔。"她慢慢地走近那辆大黑自行车，自行车上有一个用螺栓固定的金属条来代替坏了的踏板，还有褪色的火焰图案装饰的挡泥板。她渴望告诉他收回那些话，达雷尔之前曾威胁过她，她知道如果不服从就会再次被他恶待。她的婆婆，基莉称她为婆婆，教她将坏话滑进自己深处无底的池中，淹没它们的痛苦，但这并不总是有效，这是其中一个她没有成功的时刻。这种痛苦不断涟漪，沸腾在气泡之上，拒绝下沉，就像其他时候，当她的妈妈用愤怒的话攻击她时，或当她的老师因为错过所有拼写单词而将她放在惩罚，超时角落四小时。当她回想起这些事情时，她的下巴微微颤动，一声叹息逃脱了，连同它，一滴眼泪。

达雷尔的反应是立竿见影的。他一跃而上，击打她周围的大地，手中握着精雕细刻的浮木手杖，他总是随身携带的，让它落在她前臂前面的每三次挥动，以吓唬她更多。基莉躲开了这根棍子。她比达雷尔更害怕那根手杖，因为它似乎刻有海水雕刻的龙头和恶魔，它们的声音用每一击都在她身上制造瘀伤。"你真是一无是处！你一文不值！你太蠢！"

达雷尔的话语仿佛是她以前听过的话语的暗淡回音——"我看见了那一滴眼泪。我会让你找个理由哭的。"

而他做到了。尽管那根手杖从未碰到过她，但这些话语在她手臂上留下了淤血。

达雷尔最终离开后，基莉试图打开那扇破旧的，多次修补过的厨房纱门，溜进后门。她想悄悄地走过厨房，她的妈妈坐在那里，将账单分类成现在支付和以后支付的两堆，而这个月的以后支付堆甚至比正常的高。

基莉不好意思地拉了一下自己的卷起的袖子，试图将它们伸展成长袖，以掩盖想象中的龙和魔鬼咬伤，并用拳头擦去了她害怕的眼泪。她的妈妈已经有足够的问题，但却总是抵挡不住把基莉的问题变成基莉的错的冲动。这也不例外。

"嗯，基莉，你怎么了？你哭了？那个讨厌的邻居孩子又威胁你了吗？我早些时候看到他在巷子里晃悠，骑着自行车，告诉他离开我们的院子。我不要让达雷尔碰到你，以免他欺负你。你什么时候才能学会不要惹像他这样的恶霸，嘴巴停下来，这样他不会以此为借口来烦扰你呢？我已经跟他妈妈谈过，试图让她控制他，但这没有用，所以你得看着自己办了。逃开。不要让他欺负你。"

"但——"

"不要跟我抱怨，小姐，"她妈妈接着说。 "也不要不听话，惹上这些事情时才才跑过来哭泣。去洗漱一下，给我们准备午饭。把吉姆宾也拿出来；新的饮料会帮助我集中注意力，好让我能够集中精力支付这些账单。" 吉姆宾还帮助她渡过漫长而寂寞的夜晚，当基莉的爸爸在一次又一次的无尽的普通商务旅行中消失时。基莉从来不知道她的爸爸究竟是在何地和为何而旅行，但何时是显而易见的。每当他消失时，肯塔基最好的，但也是最便宜的波旁威士忌"吉姆"总是出现。问题是，吉姆经常释放了她妈妈的舌头，让基莉面对着言语火山，淹没在她心中的秘密池中。

基莉先换了衣服，悄悄溜到厨房，低着头，耸肩，将肚子尽量收紧，试图消失。她在佛利家顶面的桌子上准备午餐，上面有一些老化和晚餐污渍的裂纹和黄色，永远失去了光泽，用漂白剂喷雾无形地擦净。基本相同的型号几乎是基莉朋友的厨房中常见的，以及其他厨房，它，连同其他的，已经见过更好的日子，正如她的爸爸以前说的。基莉在 佛利家 桌上用罐头金枪鱼和美乃滋涂抹了一些微微发硬的小麦面包。接下来，她用冰填满一个玻璃杯，小心地把吉姆放在桌子上，靠近她的妈妈，把自己的三明治塞进背包，然后悄悄走出后门。她用食指捕捉纱门，希望掩盖她的离开。

她办到了。

第二章

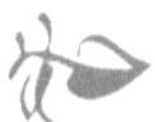

婆婆的口头禅

　　基莉深深地吸了一口气，仰起头，沐浴在湛蓝的天空下，吞噬黑暗，直至新的一天。她疾步穿过街道，伸出双臂，飞奔下坡，来到了那个稍显荒芜、因资金不足而被忽略的社区公园的特殊地方。对基莉来说，她的爷爷，她称之为公公，曾说城市的钱总是在到达他们这个地方之前用光了，不管是用于学校、医院、公园还是街道。基莉的妈妈告诉她，正是这种缺乏资金的疾病害死了她的爷爷，而不是癌症。她的目光无法停留在未清理的垃圾、破碎的玻璃和掉漆的长凳上，最终停在一圈树木上。看到她四位最亲密的朋友，她欢快地宣布自己的到来。

　　"我终于到了。耶！"她抓住肖蒂的胳膊，亲昵地拥抱着，她摆动着胳膊，腿仿佛模仿着这股能量。"叶子天使们，我命令你们升起，飞往隐藏的地方，找到独角兽，为我辩护。我感觉时间不多了，不知道时间快到什么时候，但它正在蔓延到我的脖子，发抖着我的耳朵。糟糕的事情即将发生。"她跳起来，紧紧拥抱她的其他朋友，用尽全力挤压他们；其中两棵是肖蒂一样的白桦树，还有一棵是一个名叫威尔的巨大垂柳。当她转身面对威尔时，她没有看到被风带走的"天使"叶子的轮廓，飘向太阳和远方。

肖蒂、勒夫特、威尔和查特鲁迪，因她那更接近于嫩绿而不是白色的泡桦树皮而得名，自从她七年前和她的婆婆第一次来到这个公园以来就一直是基莉的朋友。婆婆告诉基莉，为了让树木知道你真的是他们的朋友，你总是要用人的名字来称呼它们。基莉那天挑选了它们的名字，由于她刚刚在学前班学会了嫩绿这个颜色，所以使用她的新词汇是有道理的。根据她的婆婆，这是合适的上下文。当然，肖蒂是最矮小的树，而勒夫特只有一支位于基莉能够触及的左边的分枝。

可以依赖树木朋友，它们总是在你需要时为你提供真正的支持，当你内心低落时不会喊叫或推开你。无论你是否丑陋、伤心或做错事，它们都不会对你大喊或推开你。但最重要的是，它们是很好的倾听者，会保守你说的话不外传。它们不会唠叨，实际上保守了基莉的成百上千个秘密。现在，和以前一样，她爬到了威尔的肩膀上，倚着他的头，松开了肚子，低声说出了那些痛苦的话，内心的泪水流淌在修长的树叶上，让它们变得更加翠绿，增加了它们的悲伤。就在那一刻，她像军号一样站了起来——公公总是说要站得笔直，尽管她不知道那是什么意思，但她想象自己是站得这么直——在威尔的怀抱中的顶层树枝。她仰起头，用指尖轻触光明，一如既往地试图印刷雨后云层上缠绕的不可触摸的彩虹。她释放了痛苦；她已准备好迎接这一天世界将要带来的一切。深深吸了一口蓝天的空气，她被一种一下子的疲惫感淹没，让她的骨头都疼了。基莉决定休息片刻，像小猫一样蜷缩着自己，将零散的树叶堆在脸颊旁边，然后入睡了。

她的其他邻居朋友大多年龄较小，年龄在三到七岁之间。他们珍惜她无穷无尽的富有想象力的故事，每个人都坚信基莉有秘密的力量，包括飞行的能力。她告诉他们，每当他们感受到树木叶子的无声声音，那实际上是她在飞行时给它们扇风。如果他们仔细观察叶子，他们会看到她的扇动，感受到它的呼吸。然而，她只在黄昏的时候掌握了飞行，这是一种玫瑰色的光线，既不是白天又不是晚上。如果有人在这个巫术时刻出门，通常会有两三个孩子在测试他们自己是否已经掌握了这种力量。基莉为孩子们编织了这些故事，也为自己编织了，但她是唯一知道真相的人，她不能飞行——至少还不能。她不愿承认失败，发誓要一直寻找这个秘密。

她的婆婆，与她一直有特殊联系，特别的信任，灌输给基莉一种对魔法的信仰。就在基莉记事之久，婆婆充斥她的头脑，讲述了关于魔法的故事，远在遥远的地方，独角兽、仙女和天使存在，相信得越坚定，它们的力量就越大。婆婆说它们会保护你，遮挡住生活中的日常痛苦，并拯救你脱离危险。但最重要的是，它们会始终来帮助需要帮助的孩子；你只需要知道如何召唤它们。基莉翻阅破旧的《彼得·潘》和《绿野仙踪》，坚定了她对仙尘和红色鞋子的信仰。对基莉来说，婆婆的故事听起来像是基于个人经验，暗示已经存在，但她不知道这些故事是真实的，是否部分基于事实，还是纯粹的幻想。基莉希望这些故事是真实的，经常重述婆婆的故事以安抚自己。她在自己的头脑中创建了一个避风港，一个可以爬进去躲藏的地方，直到痛苦的时刻过去。

婆婆一遍又一遍地告诉基莉，她是独特的；她的不同之处让她感受到别人无法感受的东西，使基莉能够感知别人拒绝承认的事物。婆婆喜欢称之为基莉的"感知"，这是直觉、暗示和灵感的来源。基莉不能列举出正常的五种感觉，但经常会在听到来临的事情，没有人能听到、看到或感觉到的事情的阴影中颤抖。大多数时候，她只是不在意鸡皮疙瘩，忽略了耳语和指尖的风声低语。她拒绝倾听，理解或相信自己的能力。基莉从未知道婆婆也有"感知"的意识，相信它，并时不时用它来给人提建议 以及其他一些事情。婆婆了解了家庭所有的秘密，知道感知是从她自己的"婆婆"那里继承下来的，而她的"婆婆"也是从她的婆婆那里获得的这种能力，如此往复。这种能力只赋予了女性，每隔一代跳过一代。基莉的妈妈没有这种能力，并且每当提到与了解未来事件或使用思维来改变行为有关的事情时，她都会嘲笑婆婆，因此婆婆选择不在家庭中公开谈论它。婆婆计划在基莉十二岁时帮助她充分发展她的感知能力，因为青少年时期，身体和心灵都会经历各种成长的痛苦，是最有潜力的时期。婆婆并不担心，因为她知道基莉的时机尚未到来。

　　婆婆第一次意识到基莉也有"感知天赋"是在基莉差不多四岁的时候。婆婆正在屋子里找丢失的一本诗集，而基莉告诉她它在一个绿色的圆盒子里，上面有一个大红色蝴蝶结，盒子里还放着一些毛绒帽子和这本书。基莉马上知道是哪个盒子，以及在哪里找到它——她卧室壁橱的顶架上，被一些旧床单盖着。婆婆记得几年前读诗集，同时整理了她的壁橱。她拿下帽子盒，打开它，找到了书，以及她自己婆婆送给她的两顶"负鼠皮帽子"，包在发黄的纸上。显然，书是不小心放进帽子里的。基莉告诉婆婆，她是在刷牙的时候听说的这个带书的盒子。基莉说她听到了一个高高的尖锐的"仙女"声音，有点像那些只有狗可以听到的狗哨，但当她聆听尖锐的"咳嗯"声时 她发现那高音的声音实际上是一种语言。这个声音对她讲述了关于婆婆的书，告诉她关于奇怪的盒子。基莉还说，也许是牙仙告诉她的。基莉的妈妈告诉她停止幻想，不要编故事。

　　后来，基莉有时会不经意地说出真相；这些声音只是在她的头脑中低语。她告诉她爸爸暴风雪即将来临，警告她的老师说她需要修理她的车胎上的一个洞，告诉每个人她妈妈会在宾果中赢得十美元。基莉通常因她的洞察而陷入麻烦。她被指责是捅洞在车胎上的，或者"以某种方式"在宾果中作弊，她的同学称她为怪胎。基莉停止了透露"感知"。她不想再了解有关它们的信息，认为它们很麻烦，并试图大部分时间忽视它们。

　　一个悄悄的消息在她的耳边萦绕，打破了她的梦境；婆婆的咒语的话语唤醒了她，她从威尔的怀抱中醒来。

　　相信"不可能就是可能"。相信自己。你可以的。

　　感到一种迫切的回家的必要性，基莉的脚几乎没有触及地面，她飞快地飞越了自家后院的短距离，跃过了两个凹陷的垃圾桶盖，差点踩到邻居家的猫梅奇。她对待门屏的冲击毫不留情，门关得很响，震动了房子末端背后的三个窗户框架上的磨损、腐朽的百叶窗，两个在楼上，一个在厨房门旁边。锈迹斑斑的螺丝松动，三对中的两对急剧向左倾斜，摇摇欲坠，准备在任何时刻摔下来，逃离了这个泛着灰尘的窗户。

基莉的不安感在她的眼中增加，她注意到现在仍然散落在厨房桌上未付的账单堆成了一堆，还有一个未吃完的三明治和一个新空的吉姆酒瓶。她停下来倾听，听到从她父母卧室里传来的压抑的声音。小心翼翼地打开门，她发现她的妈妈在哭泣，试图用一个阅读枕头来压住声音，那种床上阅读时用来支撑头部的有点垂坠的格子。

"嘿，妈妈，"她说。"怎么了？"基莉的妈妈很少为任何事情或任何人哭泣，所以这种悲伤的表现对基莉来说很不安，她不知道该说什么，该想什么，该做什么。基莉尴尬地在她妈妈的肩膀之间轻轻碰了碰，能感受到刺痛通过她的指尖涌入她的手指，然后轻轻地抚摸她妈妈的脖子和背部，开始哼唱一首她妈妈很久以前唱过的摇篮曲，那是在痛苦之前的时光。这个曲调使他们两人都感到宁静，那短暂的几秒钟里，基莉感到悲伤的源头，直到她妈妈说出那些话，她的阴影眼泪从紧闭的眼睛中滑落下来。

基莉的妈妈看起来就像一张褪色的古老照片。她的脸上没有一丝颜色；她的头发及肩，鼠灰色，蓬松，就像湿润天气下的一朵朵棉花云。是那双巨大的灰紫色的眼睛冻结住了悲伤，长长的睫毛遮住了她的痛苦，垂下的嘴唇震颤成了一副固定的嘴脸。她穿着一件日常装——一件长长的黑灰相间的工作服，一根黑色，下一根灰色，然后有小点的白点，外面和下面是长宽不一的工装裤，曾经是她父亲穿过的——太大了，都滑下了。

"你的婆婆去世了。"

尽管基莉已经知道她的妈妈要说什么，但她对失去一个亲爱的朋友感到难过。婆婆的话语在她的脑海中回旋，她与妈妈分享了这些话。"妈妈，不要担心。婆婆永远与我们同在，存在于我们的心灵中。她总是说，每当我们想起她，我们都应该微笑，她会看到我们并笑。记住她的笑声，妈妈？听着，我听到了她的快乐。你听到了吗？"

对于最短暂的时间，基莉的妈妈感到，并且听到了柔和笑声的声音在她的头发上掠过，但那一刻很快过去了。"别这样，基莉。不要傻了。听起来没什么，但她已经走了，就像公公一样，她不会再回来了。生活还要继续。律师们下周会读遗嘱，你爸爸也会回来。我不会再哭了，你也不应该。"说完这些话，她的妈妈关闭了她的内心，基莉独自在寂静中悼念。婆婆的声音从角落的阴影中轻轻说话，打破了宁静，"没关系，基莉。不要难过，永远不要让别人的坏话伤害你。重复我教你在痛苦时要吟咏的童谣。"

"棍棒和石头或许能伤我肉体，但言辞永远不会伤我。"

基莉不停地吟唱这首童谣，嘴巴动着，但没有发声，试图抑制那些言辞——那些仍在她的心上拍打，刺痛她的痛苦和悲伤。

第三章

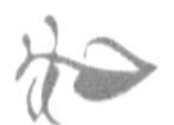

遗嘱

　　在处理婆婆的事务的芬斯特，阿伯克朗比和史密斯律师事务所的等候室里聚集了一群不同寻常的人。从陈旧的天鹅绒窗帘、破旧的皮革椅子上的钩花披毯、烟蒂烧伤上的矢车菊花边，以及陈旧的气味，人们可以看出，这家律师事务所的日子已经过去了，就像基莉的亲戚一样。基莉的公公母曾经很富有，但大部分钱在基莉的妈妈八九岁的时候就用完了。基莉的公公被所有朋友都认为是一个好借口，一直借钱给他们，直到钱用完了。当她还是个孩子的时候，基莉的妈妈因为总是想着"如果"的事情而变得愈加痛苦和对世界充满怨恨；如果他们还有钱，如果一切还像以前一样，多年后，如果她的爸爸还在这里抱着她。

　　婆婆喜欢说，基莉的妈妈总是"忘记了停下来闻花"，这是她最喜欢的表达之一。与很多成年人的谈话一样，基莉不太明白它的含义　但她认为这就是她妈妈的悲伤原因。她确保自己永远不会忘记停下来闻花，甚至在冬天，当她看到的唯一花朵是维拉小姐　斯邦海默的四年级教室窗台上无味的非洲紫罗兰时。

　　磨损的绿色牛仔靴从社区活动公告牌后面露出来。这些靴子的主人似乎被消瘦的身材，高过门框的身体所吸引，他们对着蝴蝶结腰带被嵌在一个墨镜外的牛仔裤里的细节出神。他的红色和蓝色小格子衬衫整齐地塞进破旧的淡蓝色李维斯牛仔裤里，他身上的酸橙药店香水的气味在基莉看到他之前就已经到了她的鼻子。

"唐叔叔！"几乎被基莉的拥抱震倒，穿着靴子和高于门框的瘦长身体说道。"你去哪了？"她问道。"我们一个月没见你了。"

她妈妈的哥哥试图回避回答，反而提出了自己的问题。"你有骑马吗？你的自行车怎么样了？你有修好那两个双层轮胎吗？"

两个问题的答案都是一样的——没有，但这个策略奏效了，基莉忘记了自己的问题。唐叔叔是基莉在世界上最喜欢的人之一，他曾经每个月都会来拜访。从她出生的那一刻起，他就是那个会为她设置火车套装，然后与她一起玩火车几个小时的人，他的腿和脚交叉在一起，印第安人式的交叉。他会像喇叭一样扭曲嘴巴，吸进脸颊发出不同的声音，为火车头、货车和尾车吹奏不同的旋律，发明出声音的曲调。在晚上，他会把她藏进床里 做"5-5-5"：用口琴演奏（唱五个词，吹五个，唱五个）他最喜欢的民谣，"丹尼男孩"，那个乡村口音的嗡嗡声一直伴随着她入睡。他会假装"吹风琴的…在呼唤"中指的是他的口琴，而不是风笛，因为在库特斯维尔，风笛并不常见。有时，她叔叔甚至会留着一把长长的红色胡子，当他哼唱时，会把它拨弄成一个圈圈。

基莉看着她的爸爸进了房间，一个高大、苗条的男人，头顶稀疏的金发，雀斑，全年都穿着卡其裤，蓝色的羊毛开襟衫，肘部有假皮贴片——这些贴片是用来遮盖磨损的地方，而不是为了炫耀时尚。总的来说，他看起来是一个完全不起眼的男人——直到他微笑。当他微笑时，他的眼睛的绿意穿透了他周围无聊的目光，他的笑声是有感染力的——没有人能逃脱，甚至是基莉的妈妈。然而，现在不是微笑的时候，他的表情带着一丝悲伤，他俯身，给了基莉一个快速的拥抱，抚摸了一下她的头，然后在她耳边轻声说道，"婆婆非常爱你，我也是。我很抱歉我不能更经常来看你，但我得工作，所以一直得在路上。”他拉开，稍微挺直身子，擦掉了一颗眼泪。

“你可以出去等，等到一切结束。这可能只是一些无聊的法律事务，不太能吸引一个十岁的孩子。”

“没关系，爸爸，”基莉说。“我想听听。我以前从来没有听过遗嘱的宣读，我保证不会让自己烦扰别人。”此外，基莉只是想在她爸爸回家的几天里靠近他，通常是每两到三个月一周。基莉的妈妈走进来，立刻和她爸爸开始了一些成年人的讨论。基莉向后退了一步，听不到，但在听到她因为他穿着破领口的衬衫而遭到责骂的话之前，她已经听到了她妈妈的话。

几乎下午两点了，该读遗嘱了，当一个绅士加入了这个团体。他的外表令人注目。在基莉的心目中，有些东西是如此不同，可以看着并让你的眼睛在惩罚之前填满新奇。凝视是值得的。不仅是他的体型引起了基莉的兴趣；还有他皮肤的深沙色，完全没有睫毛的黑眼睛，束缚他的头发的头巾的光泽，当然还有他的服装的独特性。他的衣服似乎是用彩虹编织的——如此薄如纱，如此精致，仿佛是一千只蜘蛛在他的指挥下在雷雨后工作编织的。而在他的头上，缠绕着一条紫色的纹理，眼镜蛇盘绕着，等待着腾飞。黑色和绿色的卷发的卷曲被头巾所束缚，仍然不受控制；他的皮肤呼吸着，每一次脉搏都释放出未知的香气，使周围的人嗅到空气。这些独特的混合气味让他身边的人的鼻子动了起来，皱起了眉头——担忧的皱纹放松了。他伸出手，展开长长的手指，露出明亮的橙色掌心。当他说话时，闪烁的刺痛沿着基莉的脊椎跳动。“你好吗？你一定是基莉，”他说，把话拖长，让它们悬在空中。“我是西蒙。”

那呆板、正式的声音唤起了奇怪的、撕碎的过去的梦想的记忆，但当她握住他的手时，基莉无法将那些碎片拼接在一起。“我想我不认识你。你怎么认识我？”

“你的婆婆是我很特别的朋友，我在你出生之前就认识她了。她经常跟我谈起你，所以我觉得我们已经见过面。我现在拥有老的罗宾汉马厩，最近重新开张，位于老谢伍德地产的一个角落。”

"我是西蒙"

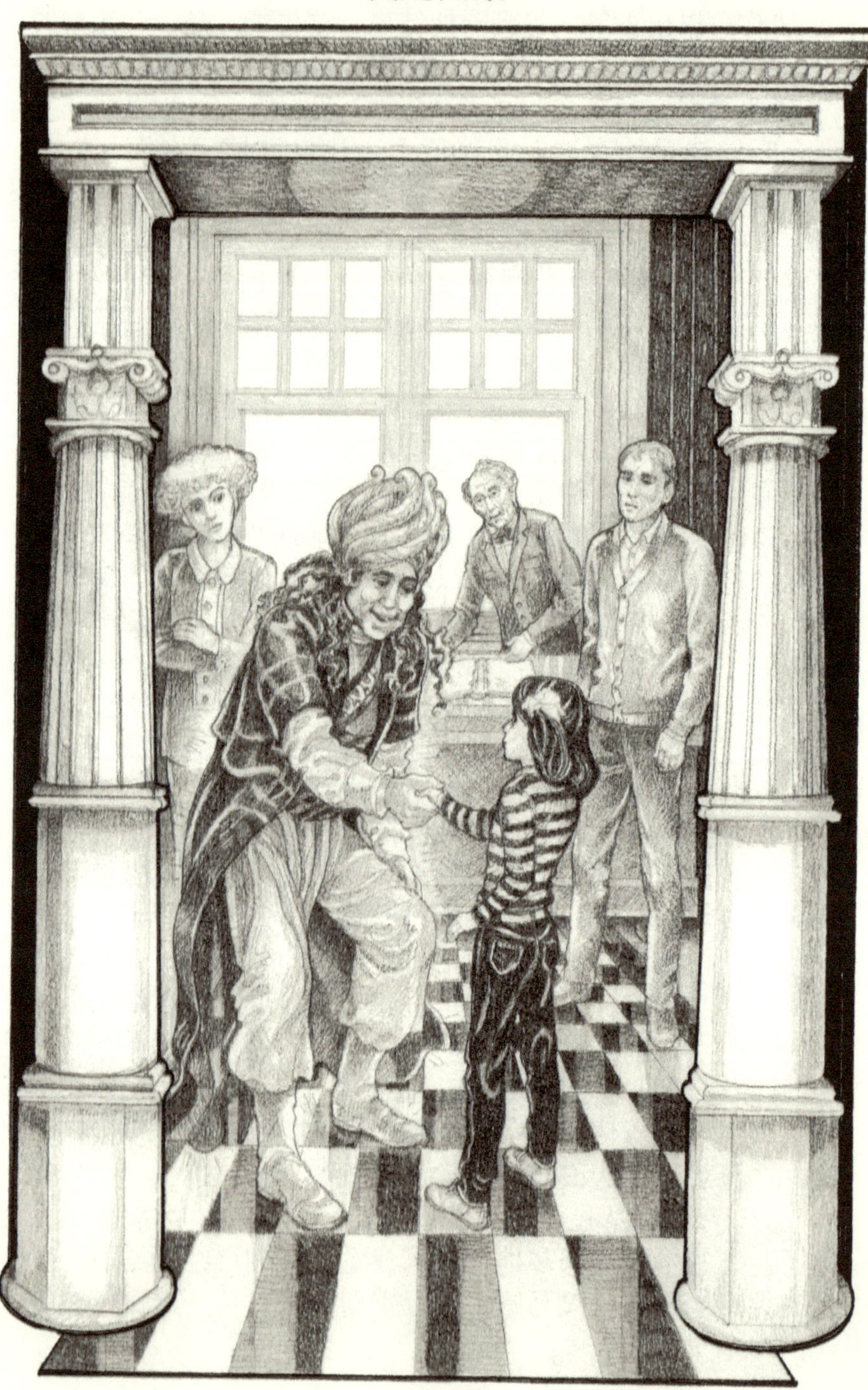

在提到谢伍德这个名字时，房间里的每个人都发出了一声响亮的叹息。谢伍德项目曾是库特斯维尔历史上最大的丑闻之一。城里超过50%的人借钱，二次抵押了他们的房子，搜集了他们所有的钱来投资这块土地。这块地上原本要建三家工厂，这将保证人们不再只依靠如今已经关闭的煤矿来生存。海报上承诺了经济多样性和财务安全。每个人都拿出钱来买地，基莉的爸爸是众多投资者中的一个，当三家公司都选择了南卡罗来纳州的一个小镇而不是库特斯维尔时，他们都赔得精光。土地价值暴跌，数百人在随后的财产抵押中失去了房子。当发现谢伍德先生也拥有南卡罗来纳州工厂最终建造的土地时，丑闻愈演愈烈。基莉的爸爸是幸运的，他还有工作，但为了赚够钱勉强维持生计，他不得不大部分时间在外工作。谢伍德先生抛弃了他的邻居，搬到了南卡罗来纳州，带走了他们所有的钱。这块地，超过一百英亩 成了基莉所在地的边缘一个巨大的杂草满目的眼病，直到现在，没有人表现出任何对利用这块土地的兴趣。

当基莉要回答时，史密斯先生宣布他准备宣读遗嘱，这个五花八门的小组走进了一个更小的空间。紧挤在一个本来只容下两个人的办公室里，基莉发现自己站在唐叔叔的绿色牛仔靴的尖上。为了防止自己摔倒，她紧紧抓住了一个那种沉重、老式的橡木衣架，上面有专门放帽子的地方。

"不要担心，基莉，"唐叔叔说。"我不会让你摔倒的。你可以继续站在靴子的尖上。我的脚趾根本不在那么远的地方。"

她爸爸说得对，很多律师的东西都挺无聊的。基莉发现，温暖的房间，叔叔的手搭在她肩上，他的舒适的气味，以及律师的单调声音结合在一起，让她入睡了。然而，她在听到有人提到她的名字并感到唐叔叔轻轻摇动她的手臂时，她猛然清醒过来。

"而且，我留给基莉·罗莎莉·塔克的，是我的阿帕卢萨马玛丽亚。基莉，它已经很老了，你必须好好照顾它。每天给它梳理毛发，喂食，不要忘记带它运动。即使它你来说已经太虚弱无法骑，也必须遛它。西蒙已经为她准备了一个马厩，只要你帮助他照顾玛丽亚并清理马厩，他将继续提供马厩。你已经是个大姑娘了，基莉。我只会把玛丽亚的照顾托付给你。记住要相信"不可能就是可能"。相信自己。永远不要忘记，我会爱你直到永远的一部分。"

律师继续说："我还有一个特别的要求，向玛吉提出。"

"玛吉。真奇怪，基莉想。基莉只记得另一次她妈妈被叫做玛吉而不是玛格丽特的时候——几年前，她的公公去世的那一天。她瞥了一眼她的妈妈，看到她的反应，惊讶地看到她微笑了一个温柔的微笑，软化了她的眼睛；灰紫色的颜色短暂地闪烁着，邀请她的爸爸握住她妈妈的手，紧紧地握住。基莉几乎不敢相信。

"玛吉，请让基莉保留玛丽亚。我知道你还记得玛丽亚。是的，就是你看着它出生的那匹马，而我却卖掉了它，很多年前。实际上我从来没有卖掉它，而是把它借给了罗杰·基弗，这个买下最后一个马厩和我们其他的马的人。协议是他可以使用它，保留它的所有小马，但我保留玛丽亚的所有权。几个月前他联系我，告诉我他再也无法永远照顾她了。她对他来说太老了，已经没有用处了，他请求允许让它安乐死。我无法忍受这个想法，于是我打电话给我的老朋友西蒙，他同意照顾它。西蒙答应继续为它提供马厩，直到她自然去世，只要基莉帮忙。马厩离家骑自行车的距离，基莉可以学到很多东西。拜托，玛吉，允许它体验体验玛丽亚。"

"这就结束了遗嘱的宣读"律师说。"有什么问题吗？"

没有人发问。

第四章

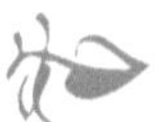

与玛丽亚相遇

　　两周过去了，但对基莉来说，仿佛过了一辈子。她的妈妈终于同意让她养马玛丽亚。唐叔叔不仅修好了她的自行车上怀孕六个月大的轮胎，还教她了如何在高台路牙上骑车而不跌倒的技巧。他为她买了一双绿色的牛仔靴，上面有鲜艳的红色线缝，就像他自己的一样，告诉她的妈妈，这是在马厩工作中的必需品。她喜欢这双靴子，尽管要在靴尖塞纸巾并穿两双厚袜子以确保它们不掉下来。然后，唐叔叔带她去了西蒙的马厩，介绍了玛丽亚给她，然后开着他的18轮卡车离开了。他是一名卡车司机，将货物运送到除夏威夷以外的四十九个州，这次他的目的地是密西西比。基莉不知道什么时候能再次见到她的唐叔叔，但她会想念他的。他很酷，正如公公以前说的那样。基莉不知道这个词从哪里来，但每当公公用这个词时，婆婆的脸上总会露出微笑。

　　唐叔叔告诉基莉，她的妈妈和玛丽亚在他们手里的那段时间是形影不离的，她的妈妈从来没有原谅她的父母把玛丽亚赶走。唐叔叔和其他人一样惊讶地发现，不仅玛丽亚还活着，而且家族仍然拥有她。在一个凛冽的九月早晨，他牢牢地握住基莉的手，当他们走近玛丽亚的马厩时，新粉刷的马厩，库特斯维尔唯一一座有新漆的建筑，矗立在林间，穿着罗宾汉般的深绿色斗篷，隐藏在树林中。两扇门巨大，每扇门分为两半，总共四块板；一根巨大的白色画着X字标记的柱子，像一个即将进行跳房子游戏的方格。一个细小的缝隙打破了平滑的前面。唐叔叔和基莉推开了缝隙，没有敲门。两人都对迎面而来的凉风和充满新割的干草气味感到惊讶。他们的期待在他们眨眼适应阴影光线的时候增长。在门的左侧，是他们的目的地，一个比大多数更大的三角形马房，基莉的马就在那里。一个马嚼子和马衔从闪闪发光的墙钩上摇摆，一个已经使用过的带条纹的淡紫色马毯挂在门上。

没有办法阻止基莉说出第一句话。"哦-噢-噢！她太美丽了。看看她，唐叔叔。我从未见过如此令人叹为观止的事物。"基莉的公公曾告诉她，有些时候，你的呼吸会真的被吸走，只有一瞬间，因为惊喜是如此之大。而这正是那种时刻之一。

玛丽亚静静地站着，似乎知道她正在被谈论。她几乎是纯白的，两侧有一些银色斑点，背上有三四个斑点。她的蹄子是垂直条纹的，在昏暗的马厩灯光下，看起来就像是金尘粘附在它们的槽里。她的头倾斜，她的丝般的鬃毛遮住了她的眼睛，直到她摇了摇脖子，直视着基莉。

"哦，我的天啊，"唐叔叔喘着气说。"我完全忘记了这双眼睛。怎么能忘记这双眼睛呢？"它们是没有白眼的，深金色，有斑点，使它们看起来像老虎皮肤上的灼伤。当玛丽亚眨眼时，基莉看到了那些长长的、煤黑色的睫毛，它们卷曲着刷过脸颊。基莉的下巴下垂是唯一的动作；它的牛仔靴把她固定在马房旁边的一个地方。玛丽亚向她走来，轻轻地亲吻了她的肩膀，而一个想法碰到了基莉的脑海。

基莉的背部传来一阵冷颤，发生了不可思议的事情。玛丽亚用微微带有呼吸声的声音对她说话，这个声音在基莉的睫毛上轻轻地起舞，然后滑进她的耳朵里："基莉，基莉，基莉，欢迎，"话语穿越她的头发，"我是玛丽亚，"它继续说，声音柔和、悠扬，像长笛合唱团的声音，"我的名字意味着'风'，那些狂野的，寂寞的风，吟唱、叹息着秘密，触摸着沙漠，漩涡着海洋。我等了你来找我很长时间了。

"基莉迅速转身，想看看唐叔叔的反应，但他靠在马房门旁，嘴里咀嚼着一根稻草，好像什么不寻常的事情都没有发生。"哦，基莉，我从来没有告诉你玛丽亚的名字是什么意思吗？"

"不，唐叔叔，但玛丽亚刚告诉我，它的名字意味着'狂风'。"

"是的，对，你刚刚遇见玛丽亚，它就和你说话了，"他回答。"我不知道是谁告诉你玛丽亚的名字的含义，但我不相信它是一个会说话的马。也许你妈妈说你有'太丰富的想象力'是对的。让我教你如何给她套马嚼子，刷毛和喂食，然后我可以上我的卡车上路了。我知道西蒙也会教你如何做这些事，但我可以给你第一课。好吗？"

"嘘，基莉，"玛丽亚低声说道。"大多数成年人听不到我说话，如果听到了，他们会认为我的声音是风在他们窗户上敲击的声音，所以让我们的谈话保密。好吗？"

"好的，"基莉回答，而唐叔叔和玛丽亚都点了点头表示同意。

基莉专心致志地学习，并很快掌握了基本的驯马技巧。她掌握了刷洗技巧，以及如何装上嚼环和马笼头，将有条纹的毯子滑到玛丽亚的背上。在离开马厩之前，还未握住缰绳的时候，大笑的唐叔叔领着肩膀高的玛丽亚绕着马厩周围的未涂漆的围栏走了一圈。西蒙也来了，观察并夸奖了基莉的努力。他们两个安排了她的日常工作计划，确保不会与学校或家务冲突。

"好吧，基莉，我最好还是出发吧，"唐叔叔说。"我的卡车已经准备好了。这是我的个人手机卡，如果你需要我，就打电话给我。我会尽量帮助你。不要让任何人说你愚蠢。

能在一堂课中学到你所学到的东西的人并不多。抬高你的双肩。抬起头，不要低头。还有，记得照顾好那双靴子。"

"再见，唐叔叔，"基莉说。"谢谢你帮忙说服妈妈让我留下玛丽亚。我会尽力的。"她的话没有透露出她肚子里翻滚的"如果"担忧：如果我不能照顾好玛丽亚怎么办？如果妈妈生气，告诉我不能再见玛丽亚怎么办？如果我犯了错误，像我总是犯错误一样怎么办？如果我忘记该怎么做？如果我惊慌了怎么办？如果——？

基莉的父亲第二天又出差了，她母亲的平静情绪随着他的离开而消失。基莉无声无息地听着，她母亲的琐事清单变得越来越长。"我告诉你，从现在开始，你的新日常工作包括拖地板，还有，还有，还有，再去马厩之前得做完所有的作业。如果你不能完成这些，那我就得告诉西蒙，你不能继续在马厩工作，而玛丽亚会怎么样就是你的责任。我不知道为什么我会同意这个疯狂的安排。哦，还有，你的成绩单——C以下的成绩，你可以猜到会有后果哦了吧。"

"好烦呀，"基莉嘟哝着，然后跳上自行车，在月光的洒下的第一滴水中朝马厩驶去。她没有注意到一辆快速行驶的黑色自行车跟在她后面，上面挂着一个令人不安的漂浮木拐杖。

"抱歉，我来晚了，玛丽亚，但是妈妈的给我的清单每天都变长，如果我的成绩低于C，她就不让我再见你了。你知道我没那么聪明啦。我似乎无法记住那些字母和数字的顺序。当我看到它们正确的时候，我的笔却在纸上把它们搞混了！今年的数学太糟糕了，有分数、百分比和除法。我真的是个笨蛋。"

"你说得对，大笨蛋！"一个熟悉的威胁性声音从暮色笼罩的门口传来。"你在这里藏着什么？你有一个秘密吗？你在和谁说话，是一堆干草吗？是一堵墙吗？"那个男孩继续拍着手上的漂浮木拐杖，但当达雷尔看到玛丽亚时，话语停顿了。

他的话语让基莉吓呆了，她慢慢地向玛丽亚前进。

咚、咚、咚！第三声巨响落在马厩的门上。

"你敢碰它一根头发！"基莉喊道。"她又老又脆弱。你不可以打它，达雷尔.福斯特。"

咚、咚、咚。又有三声巨响落在玛丽亚的栅栏上。达雷尔被玛丽亚的眼睛迷住了，什么也没说，但是漂浮木拐杖继续敲击，每一下都离那只不动的马越来越近。

"打我，达雷尔。打我，别打它！拜托，达雷尔，不要打它。打我。"

基莉惊恐的声音穿透了达雷尔的催眠状态，他慢慢地转向了基莉。

"你说什么，大笨蛋。你想要什么就给你什么。"他高高举起拐杖，以最大的力量砸向她举起的手臂，形成了一个伞，保护着她的头。

但是拐杖没有到达目标。一个五颜六色的龙卷风抓住了它，将它甩向了天空。到达马厩的横梁时，那个龙头拐杖爆炸了分成了千百根针，钉在了沥青黑的横梁上——都击中了靶子，颤动在阴影中。数百根刺没有击中目标，成千上万的碎片，掉在地板上。

"现在那根拐杖只适合做牙签了！"马厩中最新的入侵者大声说道。"不要再来我的马厩了，如果我发现你骚扰或欺负基莉、玛丽亚或任何其他人，我会教训你一顿。相信我。你逃不掉的。滚出去。" 达雷尔就像他那傲慢的腿一样快速地离开了。

基莉突然意识到，那种呃呃的哭声是从她发出的。肩膀颤抖，颤抖，无法停止手上的颤动，声音的颤音，她沉浸在了一个五彩缤纷的拥抱中。几秒钟过去了，然后有一声"地下叹息"，根据婆婆的说法，这是来自比中国更深处的地方的叹息，颤抖、恐慌和恐惧被释放了出来，甚至还发出了一声小小的笑声。

"哇，我从未见过达雷尔跑得那么快，"基莉说。"现在我几乎可以笑了。谢谢你，西蒙。你的时机再好不过了。你救了玛丽亚和我免受一次肯定会挨打的折磨。我还是无法相信你在这里，你竟然在这个特定的时刻出现。你是怎么知道的呢？"

"不要担心，基莉，"他回答道。"我听到了你呼唤我的名字。叫我，我会来的，无论何时你需要我，在任何地方。我是你的彩虹，听你指挥。晚安。"带着告别的略微断奏的话语，他像来时一样悄悄离开了马厩。

"玛丽亚，我不记得自己呼喊西蒙来帮助我，"基莉说。"你有没有叫他？"

"好吧，基莉，"玛丽亚以一阵扫过马厩的微风的漩涡中说道，"我认为这可能是我们两人的联合努力。我们用思维呼喊帮助，他听到了我们。不过，现在，我们有另一个更迫切的担忧。你带来了拼写单词和数学问题吗？让我们看看我的眼睛是否能帮助你解开这些字母和数字。现在是正式的思维课时间。

"顺便说一下，"玛丽亚继续说道，"在你离开之前，提醒我告诉你一些令人兴奋的消息。"

第五章

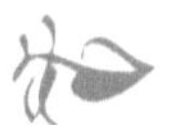

奇迹

基莉选择激动来描述玛丽亚的消息的词。基莉更喜欢用奇迹这个词。玛丽亚怀孕了。她将要生小马，一匹小马驹。玛丽亚告诉她，应该在早春出生，但由于她的年龄，她将需要基莉的很多帮助。"请不要告诉任何人，基莉。你和我可以照顾它，如果你告诉别人，只会制造问题。"玛丽亚用她歌声般的，略带飘渺的声音恳求道。

在接下来的几个星期里，基莉设法听从玛丽亚的建议，但随着玛丽亚的腹部开始略微凸出，她发现保守秘密是不可能的。她把这个消息冲口而出告诉了她的妈妈和老师，甚至打电话给唐叔叔，用收费电话转达了这个消息。后来，她希望她能吸走这些话语，将每一个音节从他们的记忆中吸走。没有人相信她，但至少唐叔叔还是足够关心，打电话给了一位兽医来检查玛丽亚。

兽医是整个山谷唯一的兽医，他走路有着独特的摇摇晃晃。他的肩膀前倾，弯下腰，拿起他那个被匆忙涂写了黄色胶带提醒的黑医生袋子，然后进入了马厩。基莉和她妈妈都站在玛丽亚的马厩外面，等待兽医进行检查。除了基莉的靴子不安分地敲击着栅栏的声音，一切都是寂静的。

兽医的检查和测试确认玛丽亚并没有怀孕。他的话在基莉的脑海中不断重复："她这个年龄的马很少会能怀孕，但她的体内，我担心是一颗恶性肿瘤。我真的很抱歉，基莉。当肿瘤变得更大，她就会开始感到更太的疼痛，你将得她安乐死。我从来没有在马身上看到过这种肿瘤，但它确实存在。当她开始呼吸困难，你决定要让她摆脱痛苦的时候给我打电话。"

基莉的反应非常激动，心碎不已。她用握拳的手遮住耳朵，生气的手已经因为拖地时使用的氨而变得通红，裂开。她紧闭着眼睛，但眼泪仍然涌动。"不！不！不！"她喊道。"你是个骗子！你是个骗子。"

她选择的词非常不好听。尽管兽医说没关系，他知道她有多难过，而且这并不重要，但她妈妈不同意。"基莉，你被禁足一个月。你可以去学校，但不能出去，不能见朋友，不能去公园，不能在马厩工作，也不能见玛丽亚。对不起，基莉。真的对不起。"语气中有一种特定的疲惫和忧伤，引起了基莉的注视。眼泪闪烁着，未掉落，黏在睫毛上。进一步的话语没有说出口，但痛苦是共享的。

基莉顽固地拒绝相信兽医的厄运预言。那个晚上，她躺在她拼布的床单上，大声说出了她愤怒的想法。"哦，那个蠢兽医是个白痴。他是个骗子，什么都不懂。我非常生气。"

这个夜晚的宁静被玛丽亚呼吸的嘶哑声打破了。"嘿，基莉。我在这里。"基莉惊讶地从床上摔了下来，冲向窗户，现在已经布满了霜，初雪的寒冷。

"在哪里？"她挣扎着打开了冻结的窗栓，紧盯着铺满星星的天空，好像其中一颗星星是玛丽亚。

"不是那里，傻瓜。我在马厩里，"玛丽亚咯咯笑着。"西蒙是我的临时守护天使，直到你的来到。不要担心，我们仍然可以互相听到并用思维交流。西蒙给我准备了一些神秘的维生素和紫金蜂蜜，他说他亲自从彩虹的肚子附近采摘的。不管它是什么，味道都美味极了。他带我出去散步，但只有月落太阳未升起的时候才可以。请不要去理会兽医的诊断。他是个好兽医，但他错了。兽医并不是无所不知。"

玛丽亚每天继续对基莉进行思维教学，多达三次。每天一次，基莉坐在地板上，双腿交叉，闭上眼睛，伸出手，掌心向上，整理她的思维。玛丽亚告诉她想到一些美丽的东西来吸引她的注意力，而基莉总是想到彩虹和瀑布来清洗她的思维。她这样做了大约十分钟，直到结的结都解开，字母和数字都变得清晰有序。玛丽亚教她在每次数学和拼写测试之前做一个快速的十秒钟的练习。这些技巧用来排列字母和数字，解决混乱，取得了成效。基莉在拼写和数学中都拿到了C-。

"说实话，玛丽亚，这个C-可能真的是D，但老师说我做得不错，对我的努力印象深刻。你相信吗？斯邦海默小姐的话感觉真是太好了，就像阳光穿过云层，温暖了你，即使你坐在阴影中。"

但她妈妈的直言不讳、充满讽刺的评论又让基莉感到一次次摔倒在了现实之中。"你的老师可能犯了个错误。我打赌下个季度你还是会拿到你一贯的D或F。对于玛丽亚，从她的声音听起来，她很快就会死了。

"基莉捂住耳朵，紧闭着眼睛，专注于将这些话语滑入她的思维池，当它们沉入黑暗中时，她深深地叹了口气。她躲了起来。基莉的卧室是她的避难所；脱落的粉色油漆有各种大小的皮格利威利超市的棕色购物袋覆盖，被剪开，平铺，用胶带粘在墙上。每一寸棕色都被来自她梦中的星星、彩虹和瀑布的图画填满，镜子碎片的星星、彩虹和瀑布铺满了悲伤。她用蜡笔、老师丢弃的碎粉笔、从垃圾桶中捡来的毡尖笔和手指画出了火鸡羽毛般的彩虹。基莉画了五根手指——一根红色、一根绿色、一根黄色、一根紫色，拇指橙色——然后在每幅图画上一刷而过，划出了一道彩虹。在这里没有怪物潜伏；这是安全的。

一个月终于结束了，基莉赶去看玛丽亚，把她磨损的汽车外套口袋塞满了糖块和胡萝卜。当她打开马厩的大门时，她的眼睛瞪大了，她无法掩饰，也不敢说出来的震惊。"变化是……它们是……也许……"她停止更多的话语，因为她知道玛丽亚听到了她的思维。玛丽亚的皮毛现在更多的是银白色，她的鬃毛垂垂地挂在那里，就像一根潮湿的拖把，那双老虎般的眼睛闪烁着如此的痛苦，以至于基莉的眼泪也流了出来。她的肚子非常鼓胀，但引起基莉关注的是她身上的皮毛。它既不是白色也不是银色，而是变成了一个巨大而不均匀的绿紫色斑块；它的光泽几乎足够明亮，可以看到她用来抚摸玛丽亚的手的倒影。她的手指轻轻抚摸着不断增大的斑块，就像她置身于一个迷失的梦中，现在又找到了，基莉开始轻声唱歌。这个旋律是从她婆婆的记忆中的那个充满雾气的魔法花园里找回来的。歌词的旋律和基莉轻柔的触摸安慰了玛丽亚，痛苦离开了她的眼睛。

"玛丽亚，你是不是很痛苦？我能为你做些什么？我该怎么帮你？出了什么问题？我不明白。你在我们每天晚上的交流中从来没有告诉我你痛苦这么多。"

"基莉，不要担心，"玛丽亚回答道。"现在你在这里，我感觉很好。一切都会没事的。我只是对这小马的出生时间稍微估计错了一点。我不知道确切的日期，但它会比我想的早得多。小马正在成长，有时候让我有点难以呼吸，所以我叹息多了一点，"玛丽亚笑着说。"西蒙知道该怎么办。听他的，当时机到来时帮助他。毕竟，它将是最后一个。现在，你的触摸正是我需要的。继续抚摸我的宝宝。你能感觉到她在你的手下动吗？她喜欢这样。"她的声音轻轻沙沙响，声音像被困在一个阴暗的角落里的风一样旋转。

这是真的。基莉感觉到小马在她的手指在肚子上滑过时的动作，感受到了平静和和谐。不久，玛丽亚入睡了，基莉继续唱歌和抚摸，直到她自己的眼睛也闭上了，加入了玛丽亚的梦中，那是红色沙丘中风的梦，而不是梦。西蒙悄无声息地走进了马厩，轻轻触摸了基莉的红色羊毛帽上的一缕头发，唤醒了她。然后，他弯下腰对她思维传话，说她现在应该回家，如果发生什么事，他会打电话给她。

基莉遵循了他的建议，当她摔倒在床上时，感到骨头的沉重度表示了她的疲惫。当她一闭上眼睛，她就睡着了。她看到了彩虹，但没有做梦——她睡着了，她看到了彩虹，但她没有做梦。

第六章

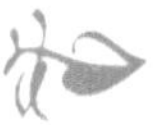

时间吞噬者

　　接下来的几周如同一片模糊，就像婆婆的沙漠蠕虫在吸取时间一样。自从婆婆生病以来，他曾告诉基莉，一只来自那本"该死的沙丘书"的香料蠕虫不知怎么逃离了他们自己的沙漏，这个差不多三英尺高的沙漏是他亲手制作的，里面装满了从沙特阿拉伯沙丘采集的闪闪发光的红色沙子。它不是大多数沙漏那种六十分钟的型号，而是一种特殊设计，至少需要一个月的时间，才能让沙子从玻璃的一边滑到另一边。它矗立在房子里唯一的电视机上方的一架架上，两侧都有婆婆从亚洲、南美和中东带回的古老旅行指南。房间里有用订书机固定的墙壁，有些是略微弯曲的，不完全匹配的仿桦木纹板，是家得宝特价产品，半价出售。

　　如果有人看到那张破旧的沙发后面，它包在一张乙烯保护套中，已经保护了它十多年，人们可以看到一小块两英尺见方的裸露墙壁婆婆用完板材后没有了。它一直被隐藏着，没有人注意到。无论是孩子还是成年人，当他们在夏天、秋天或冬天的温暖日子里坐下来时，背部和裸露的腿都会瞬间粘在塑料套上，因为汗水从他们的脖子上流下来。沙发的左右两侧都站着不搭配的茶几，表面上有着多次被玻璃砸出的白环纹，这是在看摔角、游戏节目或"肥皂剧"的时候，每周都会用一点古英文的抛光剂涂抹一次，使光泽恢复。电视区域在有客人来访时也充当起居室的作用，所以尽管很少用，但还是被保持得很整洁，以防"万一"有客人。

婆婆讨厌他的"沙漠蠕虫"，并指责它是一个巨大的水蛭，吸吮沙子，使它滑得太快，偷走了他的时间。现在似乎它在吞噬玛丽亚的时间。每天，她变得越来越虚弱，腹部的肿块也变得越来越大，但基莉听着玛丽亚说的话——它们都是安抚的话语，都是无需担心的话，一切都会好的话语。基莉想相信她——而她也相信。

这是一个满月之夜，光线透过那些带有热熔胶补丁的粗布窗帘，这是她妈妈对窗户上的洞的应对办法。蕾丝般的冰指挡住了窗玻璃，唯一的声音是微风轻拂的声音。

"基莉，来找我。是时候了。来找我。来找我。"玛丽亚的思维在她的耳边哼唱。

基莉从梦中惊醒，迅速穿好衣服，她在睡衣上穿上了运动裤和运动衫。她停下来穿上两双袜子，然后把双脚塞进那双现在已经相当破旧的绿色牛仔靴中。恐慌充满了她的思维，没有发出言语的思维飞驰。"是时候了。哦，不。是时候了。帮助。哦，帮帮我，拜托。西蒙，来吧。拜托来吧。哦，帮帮我。玛丽亚，不要害怕。"

"我真希望她不会像我一样害怕，"基莉想着，当她踏上这片地面时，地面上仍然覆盖着那种不适合堆雪人或堆雪天使，只适合践踏的脆冰雪，早些时候，基莉和一些年幼的邻居朋友们去践踏脆冰雪，从一步跳到下一步，将冰雪踩成了整个公园里的巨大脚印。然后，他们转身追踪怪物回到它的藏身之处。基莉的车胎在巨人的脚印上一进一出。她以为她听到怪物追赶她的脚步声，更加疯狂地蹬着踏板，却没有意识到敲击声不是从她身后传来的，而是在她体内。

罕见的蓝宝石黄色月光洒在马厩上，星星在寒冷的天空中绽放出烟花。猎户座的腰带解开了，北斗满是彩虹。基莉同时抵达了马厩的门口，西蒙也是。"我来了，基莉。我听到你叫我的名字。不要害怕，一切都会好的。"基莉抓住他的胳膊，他们冲向了玛丽亚的牢房。

但一切都不好，事实上，一切都不对。在一片怪异的兰花蓝光中，玛丽亚躺在阴影中的一堆稻草上，发出呻吟声。那个拼图一样的斑点已经变大，拉伸了皮肤，仿佛随时都会在下一口气中爆裂。浅浅的、褴褛的气喘传达了玛丽亚的痛苦。基莉立刻伸开双手，把那些古老的旋律分散到发光的斑点上弹唱着，但她无法阻止眼泪暴雨般从她的眼睛中涌出；她的手指也无法阻止最后一粒沙子被吸干，从玛丽亚的时间中滑走。"爱—爱—爱你，玛丽亚。爱—爱—爱你。"

西蒙的话让她重新集中注意力。"基莉，帮助我。我们必须迅速行动，才能拯救小马。如果我们现在不把她的胎儿取出来，她就会死。按照我说的做。用尽全力按压最大的隆起。我会试着把胎儿拉出来。"

玛丽亚的眼睛微微睁开，瞬间充满了她的旧决心。"我会帮助你，基莉，"她低声说。"这是我的时刻；她是我存在的理由。按压，基莉。我也会按压的。"而玛丽亚也确实在按压。

"胎儿的头太大了，"西蒙说。"要不然...要不然—"他没有说完这句话，但基莉知道接下来的部分。

"做吧，西蒙，"她说。"玛丽亚知道的。"

他们疯狂地工作了几分钟，兰花蓝色的光芒蔓延开来，覆盖了整个牢房。轻快的音乐痕迹——吉他、短笛、长笛、弦乐——在背景中骤然升高。"看这个，基莉。看这个！"西蒙用胳膊抱着刚刚出生的小马，将她枕在他的臂弯里。

就在这个瞬间，一阵微风在他们周围叹息，触摸着他们的微笑，拨动着小马脖子上的毛发。"她真漂亮，基莉，"风呼吸着从梁上向星星、向等待的彩虹的弯曲虹膜、向更远处走去。"好好照顾她。爱，爱，爱她。"

基莉和西蒙的悲伤随着叹息的拐点而传递喜悦充满了空虚的空间，每一口奇迹现在都躺在西蒙的怀抱中。玛丽亚已经走了，但她的记忆仍然存在。

纯白色的小马毛色带有淡紫色，即使在马厩的微弱光线下也会闪烁。她的头有点大，有点左右摇晃。她更喜欢把头枕在西蒙的臂弯里，而不是竖起来看周围的环境。然而，一旦她睁开眼睛，摄人心魄。明亮的紫色，没有白色，中央是未知花朵的形状，充满了盆栽金色，盯着基莉和西蒙。他们都惊叹不已，立刻感到了这匹小马身上特殊的存在，甚至不同于玛丽亚。基莉的灵敏感觉处于高度警戒状态，空气中弥漫着喜悦。

西蒙的声音深沉，听起来像是来自遥远、低沉的洞穴，把基莉从眼睛的魔力中唤醒。"基莉，现在是你回家的时候了。我会照顾这匹小马，并将玛丽亚埋葬在离这里很远的一个特殊地方。请在早上打电话给兽医。我们需要他来看看这匹不可能的小马。最好让他检查一下她，确保她一切安好。你同意吗？"

"好吧，既然你这么说，我同意，"基莉嘟囔着。她一点也不相信这次兽医会比上次的诊断更好。

第七章

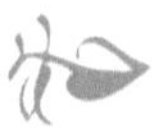

相信

电话铃响了四声后，基莉快速留言："请在早上 10 点来马厩，赖特医生。"她想叫他赖特医生，但决定不这么做，以免妈妈认为她太傲慢。她当然不想再被禁足，基莉想着，然后挂断了电话。

绿靴子磨损的尖头推开屏风门，她的手臂满是东西——一些洗得不能再洗的棉毛毯，还有一盏有些破裂但仍可用的绿色陶瓷灯，带有自己的日晒灯罩，婆婆 称之为在灯泡旁边踢踢足球的灯罩，最终导致了圆圆的、黑黑的灼伤斑点。她还找到了一个被遗弃的、还有一半油的灯笼；多年来，它的斑驳黄铜变成了绿色，被认为"没用"。她妈妈几乎将阁楼里的所有物品都贴上了"没用"的标签，她称之为垃圾。"对于那些没有星星的夜晚来说，它非常完美，"基莉喃喃自语。

然而，真正的发现来自公公的阁楼箱子——一个看上去有点破旧的魔毯，足够两个人坐在上面。它中间有一个磨损的部分，神秘的图案编织成一条不间断的链条，从外沿开始，越来越小，甚至消失在中心微小的一粒金色斑点中。

基莉的妈妈批准了她的"寻宝"成果，而且在一个不寻常的友好举动中，表现出了对小马出生的消息的高兴。她亲自搜查了阁楼，找到了一些玻璃奶瓶，它们来自一个婴儿床，她总是让基莉不要碰。她没留神地绊倒了一堆尘封的老照片，其中包括她自己的妈妈，婆婆，当时还是年轻的母亲，抱着她的小女儿，让她碰鼻子和闻园中的花。

"基莉，现在确实是我清理自己的旧东西的时候了，"她的妈妈说。"我确定小马会需要这些东西，因为它失去了妈妈。" 说完这些话后，她将瓶子递给了基莉，然后再次关闭了蓝色衬里的藤编箱子的盖子，将它推回阁楼的深处。尘封的手掌上刷掉了两滴滑下来的泪水，她从抽拉式阁楼楼梯上爬了下来。现在还不是她妈妈的时候。

基莉将她所有的宝贝装进了她疲惫但值得信赖的 雷迪奥飞行者手推车的格子中，这个手推车在需要的时候经常充当红车，这是一个需要的时刻。公公 在车上设置了特殊的隔板，这样她可以将东西放在车上，而不至于滚来滚去，混在一起。她非常注意确保日晒灯罩不会被压坏而且玻璃奶瓶和灯笼都包在毯子里，她没注意到等待她的奇怪的队伍。隔壁邻居家的巨大的三花猫梅奇，有着纯黑的面孔和老虎条纹的尾巴，和同一个邻居的混种、有着大的斑点和长毛的达利犬，安静地站在旧红车旁边。这对组合看起来非常奇怪，就像它们被立正等待她的命令一样。梅奇的毛发和每根胡须都竖立起来，与她通常是问号（？）形状的尾巴相匹配，这次她的尾巴竖立起来，就像惊叹号（！）。格劳勒，好吧，格劳勒，就是格劳勒，但他的墨迹斑点的耳朵和尾巴要么被浸在淀粉中，要么被冻成了笔直的竖立状态。

"早上好，伙伴们。有什么新鲜事，除了你们的尾巴？"基莉笑着说。"你们想来看一些特别的东西吗？如果想的话，跟着我来。我们要去马厩。"

基莉将她的小车拖到了自行车上，将它牢牢地绑在后面的书架上，然后慢慢地沿着崎岖的小路骑向小马的圈舍。梅奇和格劳勒俩是她的后卫，用他们立正的尾巴守卫后方。

就在此时，兽医驾驶他的老旧雪佛兰站车赶到，比基莉还老，两侧都贴着两英尺长的荧光橙色磁贴，大声宣告他的到来。基莉的公公曾经称这些磁贴是眼污。它们刺痛了眼睛，因为它们如此巨大且橙色鲜明。当然，公公从不介意使用来

自多米诺 或必胜客的小型磁贴，将重要的便签固定在冰箱门上。然而，有人带着邪恶的幽默感

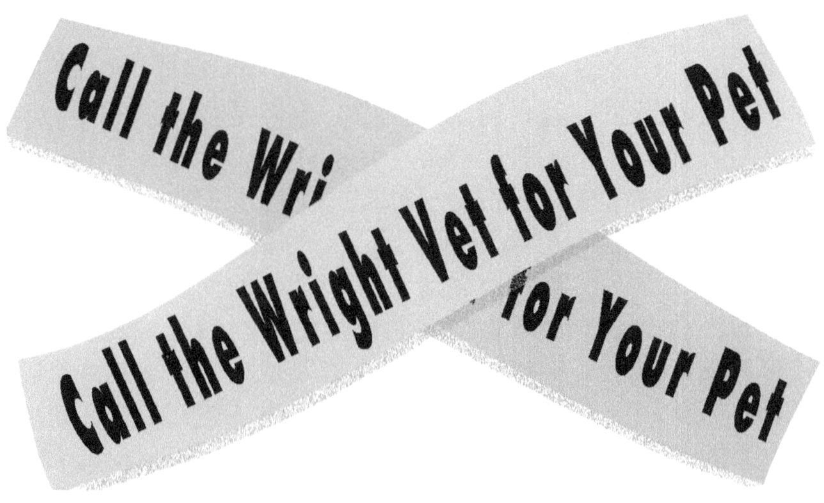

（给你的宠物呼叫赖特）

"是的，看起来赖特医生来过，"基莉小声嘟囔着，对自己说。

基莉、梅奇和格劳勒跟随赖特医生进了马厩，基莉拉着装满物品的小车。基莉惊讶地看到小马站着，她的头还歪向一侧，急切地吸着西蒙手里拿着的覆盖有小字母积木的大蓝色奶瓶中的某种奶酪混合物。另一只手中，他拿着一个红色的橡胶热水袋，用一条旧黄毛巾包着，放在小马头部的一个肿胀区域上。从凸起的瓶子上升起蒸汽，但热度并不困扰小马。她喜欢温暖，并开始用稳定的节奏摩擦着肿胀的地方，吮吸着。口角溢出滴滴，配方液飞溅在她的鼻子、地面和最靠近她的人的脚上。

西蒙遵守了他的诺言，把玛丽亚的遗骸带到了一个遥远的特殊地方。新麦秸稻草和渗出某种未知气味的温暖牛奶的香气混合在一起弥漫在马厩中。梅奇、格劳勒和基莉察觉到这种香气，齐头并进，嗅着空气。嗯，多么美妙的味道，基莉想着。我不知道这是什么？

"我也是，亲们，"梅奇懒洋洋地说。她的粗糙舌头舔起了她面前溅出的零星水滴。

"还有我"格劳勒用一种低沉而刺耳的声音吠叫，声音低得像低音吉他上的琴弦在嗡鸣。

基莉处于震惊之中。她既听到了言语，也听到了梅奇和格劳勒的内心思想。这真的太奇怪了，也许是我的幻觉。我真的以为听到梅奇和格劳勒对那奇怪的味道感到好奇。她专注地盯着仍然站在她脚下的这一对。

"你们真的有，"梅奇软声说。很明显，梅奇是一个南方的贵妇猫，她说话慢吞吞的，将一个音节的词汇变成了两个音节的，而不是一个。她跳舞而不是走路，当她说谢谢和你们的时候，她总是礼貌的。她的前主人是一个富有的商业家庭，他们在经济不景气时失去了他们的钱。他们抛弃了他们在山上的大宅，抛弃了小镇，也抛弃了梅奇。自从梅奇被救出以来，她与新的家庭建立了联系，并立刻与蓬乱的格劳勒结下了不解之缘，成为陪伴，一起在社区进行每日搜索。他的低沉嗓音让梅奇想起新奥尔良户外夏季音乐会上曾经表演过的爵士蓝调歌手，她每年都会和她以前的主人一起参加。梅奇出生在新奥尔良，她的主人是在一次夏季旅行中从一家猫育种场购买的。她在那个夏天的第一次旅行上听到了一位路易斯·阿姆斯特朗的模仿者和一个叫 铁纳的人一起在麦克风前咆哮，梅奇的对爵士乐的爱从那时开始呼噜和咆哮。

他们两人成为了一个不寻常的组合，早早地接纳了基莉，察觉到她步伐中的孤寂和寂寞。他们在几个月里一直跟着她，默默地提供陪伴，总是在基莉在小巷里踢罐子、在灌溉沟里跳石子或在充满碎石的地方独自徘徊时出现。基莉习惯了他们总是在那里；他们的存在给了她安慰。

"是的，"格劳勒用他那低沉的声音回答，那个声音在梅奇的耳朵里呜咽。"你没听错。"

"在基莉有机会接受这些新现象之前，她听到了他们问题的回答。"这是鸡蛋花花朵的精髓和熔化的香脂水泡块的液体，"西蒙轻轻说，以免打扰小马的进食。基莉摇了摇头，盯着西蒙，看看他是否真的说话，还是她听到了他的思维。她

前往马厩

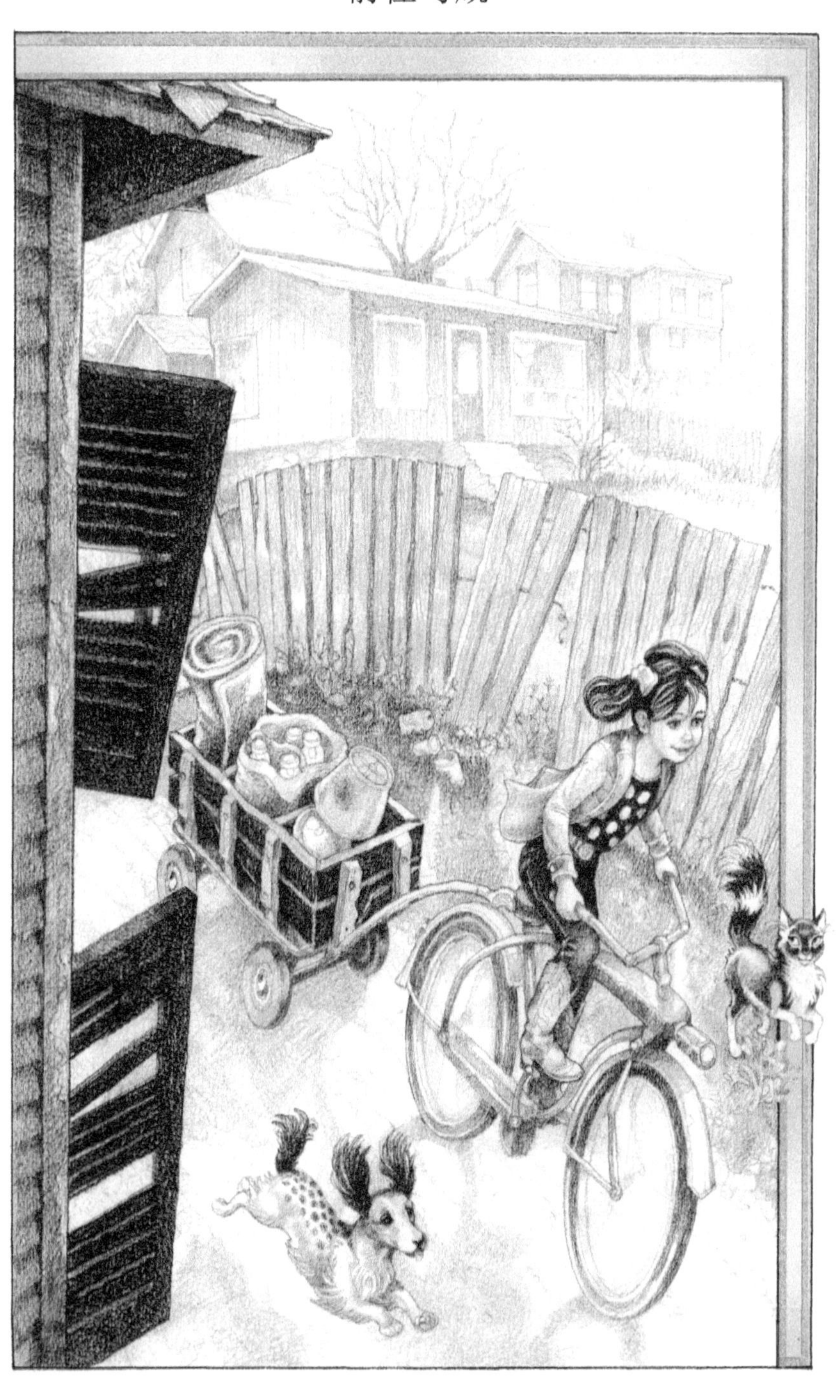

松了口气，发现他的嘴巴在动，这些话是"在空气中的话"，就像她的 婆婆会说的那样，而不仅仅是"思维中的话"。

赖特医生的呼喊打断了基莉的思维："哦，天哪！我不相信。那个老姑娘居然还有一只。"让我看看她，西蒙。我必须承认，看起来你和基莉做得棒棒呀尽管基莉知道"棒棒"意味着"干得好"，但她对这个术语表示不满。它听起来不好，让她想起了 达雷尔。

赖特医生推开了油迹斑驳的超大草帽，这顶草帽几乎从不离开他几乎秃头的头顶，走到了西蒙的身边，拿走了热水瓶。他开始戳戳小马头上的肿胀部位。他什么都没说，但他的皱眉取而代之。兽医在完全的沉默中继续检查小马，托住她的头，看着它在他松手后立即倾斜到一侧，摸摸她的腿，抬起她的脚，甚至看着她的喉咙。然后他回到了摸肿块，按摩它，推压它，测量它。小马似乎不介意所有的戳戳，但试图亲吻赖特医生的手，并从他的手指上吮吸。

"嗯，"赖特医生倒吸了口气。他有一个习惯，慢慢吸气，充满两只肺和他的肚子，它休息在一个巨大的，形状像牛头犬的银色大腰带扣上。 "看起来不太妙。这个可怜的东西头部畸形，远远太大了。她甚至不能把头抬起来。为了加重问题，看看她额头中间的巨大肿块。骨头感觉畸形。有太多的畸形，她在出生前应该已经死了，肯定活不了多久。我建议你让我立刻让她安乐死，这样就没有时间陷入感情。我承诺会迅速完成，她不会感觉到什么。如果你不这样做，她可能会在极度痛苦中死去。她最多活不过几周，所以让我结束她的痛苦。我甚至会免费做因为我她的母亲去世是我的错。"他最后吐出了一串坏消息的话，看着基莉和西蒙等待他们的回应。

西蒙迅速而坚决地抓住了基莉的肩膀，这股压力让基莉口中的话快速而坚定地沉默下来。他头上的扭曲螺旋脉动着，无声地发光，慢慢地说着那些步调稳重、沉重的音调，那些有回音的音调。"那将是全部了，医生，"他开始说。"我们不需要你了。谢谢。再见。"

话语的节奏和韵律扑灭了赖特医生的任何抗议。他拿起他的黑医疗包，嘟囔着自言自语，"愚蠢的人。你想要帮他们，却得到这样的回报。"

随着马厩的门关闭，西蒙转身笑了，说："嘿。首先，抹去　赖特医生的话。他又迷糊了。"然后他继续说："我的'三剑客'，你们准备好接受命令了吗？"

基莉对西蒙笑了笑。她不确定这个表情的意思，但她弯下腰，模拟服从西蒙。梅奇和格劳勒跟随她的榜样，三个人都刮地上，一起笑。"我们听命于你，伟大的人。"

"嗯，嗯，嗯，相当强大的军队，我必须承认。基莉，我看到你的嘴巴敞开着，因为你听到了令人震惊的声音。以前，你只能听到玛丽亚的声音，但现在你的思维和心灵对'可能性'的声音都打开了——倾听、学习、笑和爱，世界上的四个L。梅奇和格劳勒一直能理解你的话语和思想，现在你也能听到它们。让我向你们介绍　克莱娅，玛丽亚的女儿。她的名字押韵于莱娅，就像星球大战中的公主莱娅一样。"

"克莱娅.克莱娅.克莱娅."　遗忘的梦境碎片，无法忘怀，刺痛了基莉的思维，婆婆　的话使她的胳膊和脖子后面起鸡皮疙瘩："相信。相信。相信。

"她颤栗着记住了这个记忆。一定是我的内心感觉再次作祟，她想，闭上眼睛片刻。基莉叹了一口屋子里的气息，低声说着："我相信。我相信。我相信。

"她是真的相信了。

西蒙的下一句话对基莉来说是多余的。　"她的名字意味着——"

"相信！"同时，梅奇、格劳勒、基莉和西蒙齐声喊道。

他们接下来的几个小时里，卸下了红车，重新安排了克莱娅的小屋。略有裂痕的、晒黑的灯罩摆在了一个西蒙从垃圾堆里救出的低矮、摇摇欲坠的桌子上，桌子的腿几乎和克莱娅一样摇晃。在这盏暖暖的灯光下，他们放置了三个新洗过的婴儿奶瓶，里面装满了神秘的西蒙配方。

这盏灯笼，不再被遗弃，悬挂在一个铁链上，摇摆在天花板上。这是　公公　曾经挂在　婆婆　的铜色马鞭上的秘密地方之一；婆婆　曾在最不被期望的地方种植它们。只要　婆婆　给它们浇水并对它们唱歌，它们就会在任何地方开花。当基莉的妈妈只有两岁的时候，她是 婆婆 最好的助手。阁楼里的一张旧照片显示了一个小女孩站在踮起脚尖，伸出手，将浇水壶倾斜到花朵上，而水流几乎没有碰到挂着的花盆的底部——玛吉能够够达到的最高点！"玛吉，闻一下这些花，" 婆婆 会说，然后她会把她拉得离花朵很近，花朵会挠着她的鼻子。然而，当玛丽亚被送走那么久以后，这些玉心昙花已经不见了，只剩下了链子。

"这是灯笼的完美挂钩，"西蒙评论道，他自言自语地笑了。

梅奇和格劳勒展示了他们的筑巢才能，他们用喉咙和爪子把一堆毯子弄成了一个舒适的床，克莱娅现在躺在那里休息。梅奇和格劳勒安静地打盹，各自靠在克莱娅两侧，每只眼睛都睁着一只——就像埃及的斯芬克斯哨兵一样，守卫着他们的宝藏。西蒙用一根旧领带将一个新装满的、用毛巾包裹的热水袋系在了克莱娅的肿块上。肿块似乎变大了而不是变小，但克莱娅喜欢温暖，不断用头摩擦着栏杆的位置。根据兽医的说法，她的高度几乎达到了第三栏，大约30英寸高。

"这个肿块痒得要命，" 克莱娅咯咯笑着说。她的笑声轻盈宛如雨滴落在水面上，她的声音不同于玛丽亚的声音，后者总是回响着风声。克莱娅的声音是高亢、少女般、闪亮的音调，听起来就像春天早晨醒来后花朵在私下交谈。每个词下都有轻微的嗖嗖声。

"我打赌它感觉就像一个巨大的蚊子叮咬，"基莉激动地说。"它真的开始变成一种愤怒的红色，开始凸起，就像热水袋一样。看起来它可能会爆炸。如果它爆炸了，我敢肯定你会感觉好多了。"

基莉转身帮助西蒙处理最后一个物品，魔毯。首先，他们用扫帚打扫尘土，然后用热肥皂水擦洗。他们不得不使用西蒙的刀子刮掉中间的最后一块泥巴。随着泥巴在冲洗水中溶解，它再次变成了闪亮的红色沙子，掉在了马厩地板上几块木板间的裂缝中。这些木板被铺设在整个马厩中，作为一种均匀地修复地面的人行道——但没有人看着这些缝隙，也没有人看到这些沙子。他们把魔毯挂在了马房门口晾干，湿羊毛的气味与稻草和晒黑的灯罩的气味混在了一起。稍后，他们会把它铺在不平整的地板上，那是基莉放松的地方。

基莉要求梅奇和格劳勒留下来守夜；她骑上自行车，把未打包的红车颠簸着带回家。

第八章

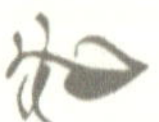

多西的惊喜

第二天早上，基莉的脚几乎没有碰到地板，她妈妈的怒言就已经刺入她。前一天在阁楼里说的温柔语调早已被遗忘，他们的时刻已经消逝。在厨桌上，放着前一晚吉姆宾瓶子中倒空的另一瓶，还有一封基莉的父亲写的信，报告说他的出差又被延长了。

基莉尽力去做她妈妈对她大喊大叫的事情，每隔几分钟就紧紧握拳，闭上眼睛，吸进那些痛苦的言辞，然后让它们滴入她的心底。不管基莉多快地工作，她妈妈总是不断地增加"立刻做"清单。经过三天的风暴，才终于恢复了宁静，珍贵的眼泪最终冷却了她妈妈眼中的愤怒，让基莉可以再次去看克莱娅。

当她走近马厩时，梅奇兴奋的喋喋不休地迎接她。"快点，慢吞吞的家伙。克莱娅为你准备了个惊喜，"那只猫说。"是克莱娅的主意她认为眼泪会改变你妈妈的情绪，让你们能来到马厩。"

"太棒了，"基莉说。"真的，我妈妈几乎从不哭，但当她哭的时候，她变得如此温柔，边缘如此柔软。这个主意真的太棒了。我来了。克莱娅有什么惊喜？"

"你一会就会看到，"格劳勒说，还加了一句，"这是个大家伙。"

来到我这里，基莉。无言的话语拂动着悬挂的辫子，挠痒了她的脸颊，颈部的激动让她不禁加快了脚步，走进了马厩。无论她觉得惊喜可能是什么，基莉都没有做好准备。就在基莉进来之前，克莱娅把头伸进了一堆干草里，但当基莉走近时，她迅速摇了摇头，草针飞扬。

"咔嚓！"克莱娅叫道。

基莉的大声喘息在墙上回荡，很快被梅奇和格劳勒的咯咯笑声所接替。"嘿，看，她被吓到了，"格劳勒说。

基莉无法停止凝视克莱娅额头正中间突出的小角。"现在不再痒了。你觉得它怎么样？"克莱娅害羞地吱吱叫。

"你——你——你是独角兽！我简直不敢相信！"不可逾越的喜悦之情如此美妙，以至于基莉不想让这一刻结束。她弯曲的微笑展现在嘴唇上，蔓延到眼睛，再延伸到睫毛尖端。

"基莉，她为你而来。你是召唤她的人。记住要相信。"婆婆的声音从风的那一边轻轻地说话。一片白桦叶飘落下来，落在克莱娅的背上，然后滑落到地板上。

"你想碰一下吗？它是真的，"克莱娅轻轻说道。

基莉慢慢伸出手，抚摸着发光的尖角。"感觉像冰柱，但我的手指却是那么温暖——就像冰下面有一把火一样。它还很小，形状奇怪，有点像我爷爷给我留给牙仙的那颗鲨鱼牙。我不小心吞下了我的一颗牙，然后发了脾气，说如果我没有给牙仙留下牙齿，她就不会相信我。那是我爷爷说他在红海的鲨鱼身上夺下来的。婆婆说他实际上是在他的旅行中在一个海滩上找到的，但不要告诉公公她告发了他！"

"亲爱的，我可以碰一下吗？"梅奇喃喃自语。

"别忘了我，"格劳勒叫着。

克莱娅低下头，用她的角抚摸着它们的毛皮。金色的光似乎点亮了它们的皮毛，尽管梅奇在自己身体会咕噜声，格劳勒也跟着发出咆哮声。"嗯，如果这不能打败一切，那么什么能呢。我的耳朵竖立在脑袋上，我的爪子几乎没碰到干草，嗯——嗯，"格劳勒发出了一声特别的声音。"光让人感到骨头发痒。我看起来就像个灯泡，但只有我的斑点在发光。嘿，也许这会说服那个自命不凡的贵宾狗咪咪，让她觉得我是个相当炙手可热的东西。"

这让克莱娅和基莉都忍不住笑了。咪咪真是一个自命不凡的、紧紧卷曲的、出生在蒙特利尔的黑色"法国"贵宾狗，甚至在公园里溜弯的时候从不看着格劳勒，即使他试图给她一些已经咬了一口的骨头。

每个人都转身面对西蒙，身上五光十色的颜色宣告了他的到来，早在他的身体进入马厩之前。"所以，小家伙，瘤出来让每个人都看到了。让我感觉一下。啊，是的，基莉，你是对的。

感觉像充满火的冰，但随着克莱娅自己的成长，它会变得更大。我们必须继续喂她我的特制配方并每天梳理她的毛，直到它每天都闪闪发光。我认为我们应该尝试保持角被遮盖，她的真正身份是一个秘密。我不确定这个世界是否已经准备好，而且我不想让她受伤。你们三个怎么想？

基莉第一个回应，立刻说："我觉得你是对的"，而梅奇和格劳勒点了点头。

"好吧，我有办法。"西蒙从他的大口袋里拿出一个小红枕头，用彩虹丝带系在角上。

接下来的几个月迅速过去，他们的秘密保持了秘密。每个人都注意到了基莉的变化。她似乎从内心散发出光芒。她的学业进步如此之大，以至于老师发了张纸条给她妈妈，说要继续在家里做她在家里做的事情，因为奏效了。她脸上总是挂着微笑，没有什么能阻止她喉咙里的这股暖流变成传染性的咯咯笑声，有时候在最奇怪的时刻。在一次拼写考试中，她不得不拼写"独角兽"的时候，她突然发笑。

一天放学后，她甚至足够勇气挑战达雷尔；她抓到他在小巷里扔石头打一对流浪猫。基莉告诉他停止，是时候停止恶意和霸凌，否则她会告诉西蒙。达雷尔怒目圆睁，但没有碰她，他咬紧牙关，咬断了从嘴里喷涌而出的恶毒言辞。他无法确定，但他在那一天失去了一个受害者。

在接下来的几周里，每当基莉看到她的朋友时她都告诉他们如何对付达雷尔，告诉他们如何站出来对抗他，他们一起练习反霸凌的台词，以便再也不会成为受害者。"立刻停止欺负我！不要对我恶意和无礼！停止欺负我！如果你现在不停下来，我会告诉西蒙！"让每个人都感到惊讶的是，这奏效了。达雷尔停止了霸凌；他不喜欢局势对他产生反转，当然也不想再次面对西蒙。

然而，基莉仍然在家里小心翼翼地行走，尽量在她妈妈尖叫新的"立刻做"之前预测她想让她做什么。她的房间整洁无比；厨房、浴室和所有的地板也都是干净的。她尽力将伤害性的言辞尽快滑进她的心灵池中，使它们不会触及她。她尽量避免看到她妈妈脸上和行为上的痛苦，她的妈妈虽然不再经常对基莉大声吼叫，但她自己的悲伤仍然被困在她的眼里。

克莱娅，我来了。来找我！基莉用克莱娅教她使用的心灵言辞说。克莱娅告诉她要把她的思想看作是打开和平、喜悦、优雅和爱的途径的眼睛，永远不要眨眼。基莉推动她的天生本能，调整她的思维，日常锻炼中调整了她的思维。克莱娅称之为"有目的的心灵游戏"。"基莉，不要让那些眼皮切断光线。睁开你的眼睛。打开你的心灵，然后集中注意力。用发光发送你的话。现在是时候——是时候相信了！"基莉喜欢克莱娅的无声和大声声音的流动和节奏；她不知道大多数年轻的独角兽都像克莱娅一样说话，随着它们的成长，它们的声音会变得与它们居住的地方相匹配。那些生活在天空之上的生物带着星星的口音说话，他们的笑声会喷出一团亮片；所有生活在月光下的人都喜欢像鸟一样说话，他们的话语如此之快，以至于在注意到它们的存在之前，它们已经溜过了一个人的思维。那些通常长出巨大、多瘤角并经常居住在天堂另一侧的彩虹丧失谷的长者之间有一种更有权威的光环，他们彼此之间使用古老的方言说话。他们为人类交流保留了一种正式的英语风格。

基莉深藏在马厩的一大堆干草中，试图保持静止，而克莱娅，她是"它"，正在寻找他们在每日的躲猫猫游戏中。

突然，一根温暖、细长的角从稻草下伸出，轻轻触碰到基莉的头发，用红棕色的火舞动着。"找到你了，"克莱娅低语。

"太神奇了，"基莉说。"你的角每天都在长大。看，它是如此美丽，就像在光晕上看到小仙女芭蕾。这是真的——克莱娅的角现在几乎有六英寸长，正好在她的额头正中间，从她的眉梢一直盘旋到尖端，尖端略高于她的耳朵。角经常发光，包括每当克莱娅发送心灵话语时。它已经超出了当前摆放在克莱娅右耳上的胖胖的红色枕头，彩虹丝带从她的鬃毛上垂下来。幸运的是，没有外来的访客来看克莱娅，西蒙似乎也没有兴趣在短时间内向他的马厩里添加其他动物所以他们的秘密仍然安全。

基莉试图重新系好枕头贝雷帽，但失败了。它从一个克莱娅的眼睛滑到一个，偷了它。

"啊哈，黑胡子，小心点。我的角就是我的剑！我要来抢你的海盗宝藏，"克莱娅在她那叮叮当当的声音中唱着。她开始在马厩里四处嬉戏，而基莉全力追逐。梅奇和格劳勒对这些海盗话一无所知，跟在他们后面，为他们的船提供了海盗。基莉看到灯罩上的晒伤阴影，认为它将是完美的海盗帽。当她想到这个主意时，她开始从灯上抓住它，但她的思维提前于她的手，灯罩从灯上倒着舞动，定在她的头顶上，摇摇晃晃。

"发生了什么？"基莉问道。"你看到了吗？你让它这样做了吗，克莱娅？"

"不，基莉，是你自己做的。你正在使用你的思想，并保持你的眼睛开着。你在新的水平上控制你的思想，练习得越多，你就会变得越好。继续做马赖亚教你平静你的忧虑和相信你自己的练习。

你进展得如此迅速，" 克莱娅继续说，"以至于你现在已经准备好了我们最重要的课程之一。你能猜到接下来是什么吗？想一想。你自小到大一直想做的事情，其他人认为你已经能做到了是什么？"

她没有眨眼，但充满了如此之大的喜悦，以至于所有的痛苦几乎都被抹去了，她低声说："飞翔——真正地飞翔。"

当她释放这些话时，风穿过马厩，携带着玛丽亚的思维。"为你，基莉。就只为你。"

第九章

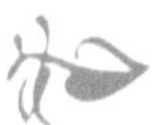

飞行课

　　独角兽天生就是飞行圣物，克莱娅也不例外。她不需要翅膀来翱翔云端，飞跃悬停，飘然风中。她无需思考，这种力量是与生俱来的，等待被开发。然而，每只独角兽的飞行风格和模式各不相同，每只都会发展出独特的特征。克莱娅更喜欢以一个倾斜的角度飞翔，头部微微倾斜，她螺旋形的角提示着飞行方向。她的风格是在飞行时展开尾巴，这是一个不寻常的习惯，从地面看起来就像是小小的扇形烟花在她飞行时四溅。每当她这样做时，这些扇形的尾巴经常让基莉笑个不停，因为克莱娅带领他们进行飞行练习。克莱娅是一位出色的老师，而基莉则是一名出色的学生。渴望掌握一个梦想征服了任何瞬间的犹豫，尽管她有时会撞入低矮的灌木丛或误算着陆，但她也在草坪上打了个筋斗。

　　随着接下来的几周基莉的生活成为了一个童话故事的现实。她不需要仙女的仙尘，她学会了利用她内心的光芒将她笼罩在云的薄纱中，呼唤风来捕捉她的思绪并将她带上天空。她自己的思想的能量和力量每一堂课都在增强，将她推得更高更快，提高了她的自信心。不再是耸肩、低头、躲避阴影的小女孩。

　　克莱娅和基莉每天傍晚都进行练习，以减少被人看见的风险。萤火虫常常停留在她身上悬挂的云层残骸上，给她一种从天堂飞来的天使的形象。克莱娅的角散发出强烈的光芒，将黄金的圆圈撒在他们通往城市上方的星星上，那里克莱娅和基莉经常停下来收割彩虹的残余。克莱娅用她的角夹住它们，而基莉则将这些碎片收集起来，塞进一个带有褪色的半月和星星的图案的枕套中。

梅奇和格劳勒也能飞，只要它们的颈部围着这些彩虹的残余。然而，有一天晚上，格劳勒犯了个错误，停在一棵树上，让他的彩虹围巾滑落并飘走。梅奇救了他，分享了她彩虹围巾的一部分，而格劳勒则永远不会让他忘记这件事。在这次近乎灾难性的事件之后，他们决定改变彩虹的系法。格劳勒坚定地咆哮，他不想尝试在没有牢牢绑住彩虹的情况下巡游银河或骑着流星。在这个时候，他发现自己可以用耳朵来操纵飞行。如果他把一只耳朵，右耳，竖起来，而另一只耳朵向左指，他会向左飞

如果他竖起左耳，而另一只耳朵向右指，他会向右飞。他为此感到非常自豪，准备向梅奇吹嘘，但他注意到梅奇正用她那根长须做一件非常惊人的事情：当她将它们指向上面时，她迅速升空；当她将它们指向下面时，她降落；而只需轻轻一动她的鼻子，她就可以向左或向右飞。

"真是的。让猫猫来想想……"格劳勒的喃喃自语被梅奇的尖叫声打断，她飞速升空，飞行速度约为每小时90英里。

"喵喵喵！求求你们帮帮我！我停不下来！我的胡须卡住了！"

事实如此。梅奇的胡须似乎变得有了生命，竖直向上，彩虹围巾在她身后拖着，透露出她的位置。克莱娅、基莉和格劳勒立刻开始追赶她，追逐到了地平线上悬挂的黑暗云层中。梅奇在黑暗中迅速加速，只有她围巾的彩虹光线揭示了她的位置。

克莱娅慢下来，让基莉和格劳勒滑到她的背上。基莉一只手抓住克莱娅的鬃毛，另一只手抓住格劳勒，她闭上眼睛，只是瞬间地掩盖了扼住她喉咙的突然恐慌。格劳勒在她的怀抱中颤抖，基莉用她的抚慰思绪平息了他，她也把这些思绪

发送给了梅奇。格劳勒和基莉深吸了口气，宣布他们已经准备好。这是他们第一次一起骑在克莱娅的背上，基莉意识到克莱娅现在几乎和玛丽亚一样高了。有充足的空间。

然后，克莱娅倾斜着角，用它绘制了一个五角星的形状，并用前蹄在天空上敲击。黑暗的路径裂开，显现出一条由月光束驾驭的流星之路，指引着它们的方向。"我们出发了，紧紧抓住！" 克莱娅在风中高声喊道，然后她走进了光明之中。

这三人迅速穿越了一个不断变化的钻石万花筒，感受到从月光束中脱离出来、在天空中飞驰的恒星的热度。他们希望在他们的路径消失之前赶上梅奇。基莉的目光被克莱娅的角所吸引。它似乎增大了一倍，生长时扭曲，指向了梅奇的方向。不到眨眼的功夫，他们追上了梅奇，而克莱娅做了一件了不起的事情。她用角的尖端戳了一下梅奇头上方的黑云，一股小雨立刻倾泻而下，把梅奇所有的胡须都压平了，停止了她不可思议的上升。格劳勒用牙齿抓住她湿润的彩虹围巾，为她在克莱娅的背上腾出了位置。他们在流星之路上继续快速前行。

"糟糕，是时候下来了！" 克莱娅大声喊道，恰好在他们的流星，以及其他几颗流星，从月光束上脱离并滑向未知目的地的瞬间，她踏进了云中。四人注视着新生彗星消失的尾迹时，出现了一片寂静。

梅奇平静地坐在克莱娅的背上，像淑女一样舒服地舔着自己的爪子，用剩下的雨滴缓慢地洗脸。

"你怎么了？是什么让你的胡须像那样卡住的？"基莉问道。

梅奇慢悠悠地说："我也不太清楚。一瞬间，我正打算将它们竖起来短暂骑行。然后我放下它们，然后在眨眼的疯狂时刻，有什么东西从无处冒了出来，把我震撼得胡须竖了起来，我根本不能动它们。我完全失去了控制，直到你救了我，克莱娅。"

"听起来像是你被闪电击中了，而你的胡须成了磁铁。也许以后你应该尝试不使用你的胡须改变方向。"

克莱娅在天空中飞翔

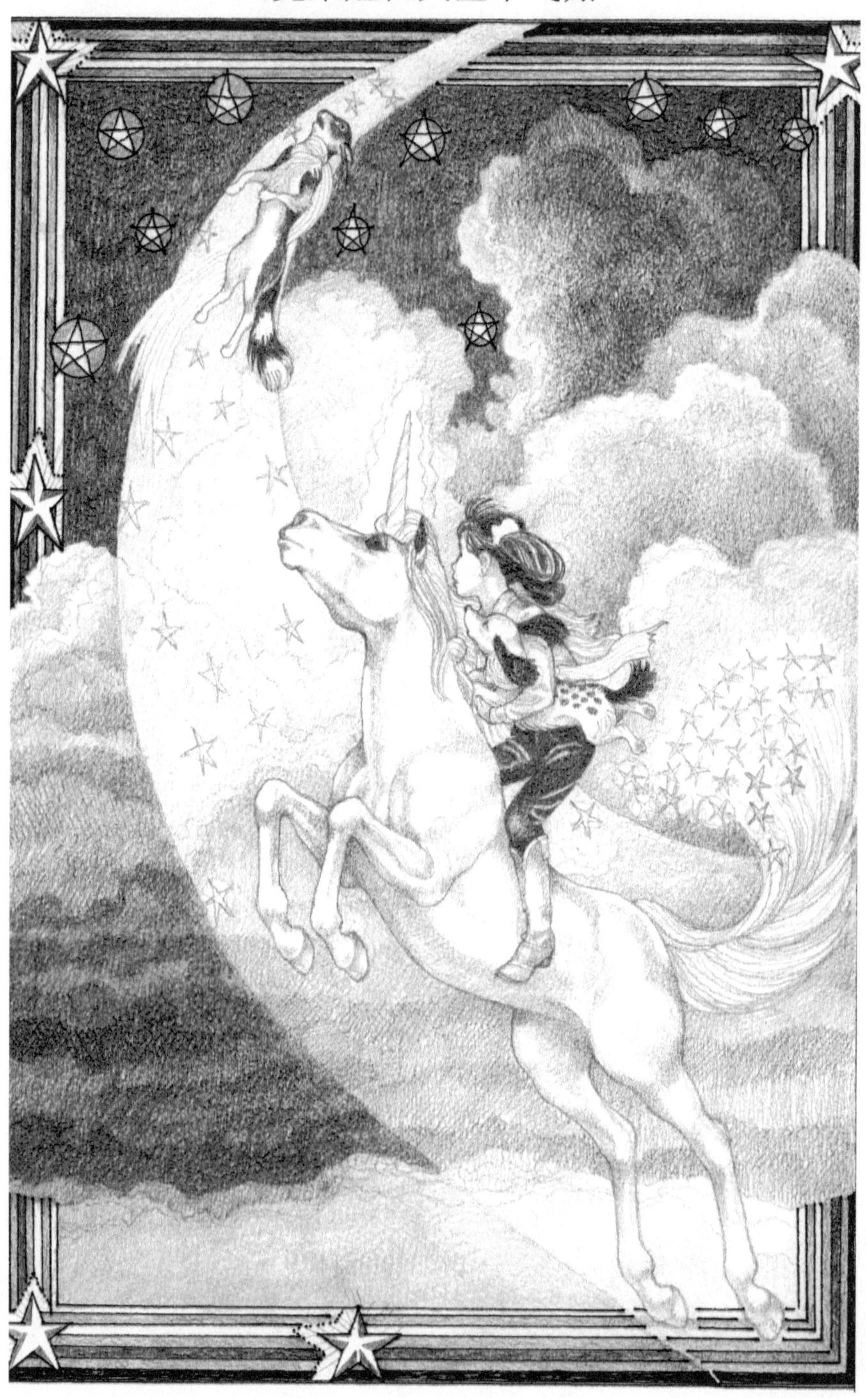

"我想这是个好主意，"梅奇说。"我的胡须还感觉有点紧张和僵硬。它们都因为不停地抖动而疲惫不堪，我的鼻子还痒着要打喷嚏。"

他们的飞行冒险继续进行，而基莉没有向她的朋友、老师或妈妈透露任何事情。她知道最好让她的秘密保持下去。

第十章

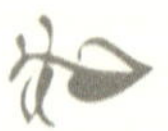

哎呀

当时没人意识到的是，在流星分离的瞬间，一颗星光微粒，不大于一粒沙子，卡在了克莱娅的一个蹄角的角落。在接下来的几周里，它继续燃烧着，深深地钻入克莱娅的蹄部，形成一个微小的洞。但克莱娅拒绝承认这个裂口发出的不断加剧的疼痛，坚持每天在日落时与它们一起飞行。

梅奇和格劳勒的飞行技巧迅速提高，西蒙为他们提供了相当精致的围巾别针，以保持他们的彩虹碎片不必打结。梅奇的别针是一个没有尽头的圆圈；它只是不断地绕圈，一直到中心的微小点，路径上点缀着发光的紫色石头。她可以用一只爪子在紫色圈的不同部分之间夹入彩虹的片段，除非她想要它出来，否则它永远不会脱落。格劳勒的围巾别针不同。他是光亮的金色金属，有两个不同大小的双三角形，紧密地嵌在彼此之间；一个锯齿状的槽穿过了两者的中间。格劳勒用牙齿把他的彩虹残片穿过了粗糙的中央，然后它就安稳地呆在那里。当它们不飞行时，它们都把别针挂在它们的领口上。

在向他们展示了新别针之后，西蒙宣布他将在一段时间内进行半度假。他急需前往一个拥有紫沙滩、明亮绿色天空和彩虹雨的地球上的某个地区。他第一次前往那里，发现那是一个放松身心、沐浴在奇特的橙色和蓝色条纹太阳光下的地方。由于基莉和克莱娅的一切都进行得很顺利，他决定将工作与娱乐相结合，极有可能会离开几个月。西蒙已经知道基莉仍在发现她比以往更强大，能够在没有他的情况下应对未知。他收拾了一些东西，将它们打成了一个角落，系在他华丽的多彩斗篷上，然后将紫色的头巾绕在头和脖子上，只留下闪烁的眼睛没有包裹。他讨厌漫长的离别，所以在喊出"再见，马上见面"时，他飘然而去，转瞬间在地平线上变成了紫色的模糊。

有一天早晨，也许只有几周后，基莉被轻柔的哭泣声唤醒。想到也许是梅奇或格劳勒感到疼痛，她迅速穿好衣服，把脚塞进了她的最爱——没有鞋带的紫色网球鞋，这是她床下找到的第一双鞋——然后出门。她总是小心翼翼地将门关上，用毛巾覆盖住手上的声音。然而，在她的大门前梅奇和格劳勒等待着，尾巴竖立起来。他们也对呻吟作出反应。

哎呀。

哎呀h。

哎呀。他们都在同一时间想着，然后三人冲向马厩，只停下来拿取最后一次飞行时留在查特鲁迪的上枝上的额外彩虹碎片。他们飞得离地面如此之近，以至于没有人能肯定地说他们实际上正在飞行，只是它们移动得非常快。

克莱娅，我们来了，他们的思维传递在风中。

他们没有为等待他们的事情做好准备。克莱娅的腿肿胀到了几乎正常大小的两倍。长长的，火红色的条纹沿着腿部蔓延，绕颈螺旋，身体上随着他们的注视，明亮的绿色和黄色颗粒，中心闪亮的蓝色，似乎在她的全身上冒了出来。基莉伸手触摸她的皮肤，几乎被克莱娅体内燃烧的火焰所烧伤。"快，从我的房子冰箱里给我拿些冰，"基莉说。"我们必须尽快降低她的发热。帮帮我，拜托。"

梅奇和格劳勒窜起，跟随基莉的命令，飞奔回基莉的家，但他们无法打开后门。基莉意识到她给了他们一个不可能的任务，于是迅速发送思维来帮助。她的思维以不受控制的龙卷风之力到达，撕开了屏幕门，让它砰地一声摔了进去，梅奇和格劳勒跟着进入。她的思维稍微减缓，打开了冷冻室的门，拿出一袋大冰块然后把它扔在地板上。梅奇和格劳勒设法把冰袋放在一块毛巾上，然后拖向后门。然而，在他们前进的途中，他们突然停住了，从头顶一直到尾巴尖，他们的毛都因基莉的母亲对他们大声呵斥而竖立起来，充满了恐惧。

"到底发生了什么？你们在我厨房里做什么？你们究竟要拿那块冰去哪？我的女儿在哪？基莉，你最好马上进来给我解释。基莉！"

她处于愤怒状态。她的头发四处乱窜，她那件仍然蓬松、带有掉毛的金细缎浴袍使她看起来像是从巢穴中走出来的母狮。门的猛然关上声音把她从深度睡梦中惊醒，她惊慌失措地站在那儿，紧紧抓着浴袍，试图搞清楚她厨房里所见的一切是什么、为什么、如何。

甚至基莉，还在马厩里和克莱娅在一起，也感受到了母亲的尖叫，疼痛地打了个寒颤，"哦，不，不，不是现在，"基莉结结巴巴地说。"妈妈，拜托，我需要你的帮助。拜托，拜托，拜托，把冰带到马厩——拜托，拜托，拜托。"她轻声念着这些话，泪水悄悄地滑落她的脸颊。"拜托，拜托，拜托，帮帮我，妈妈。"

"等一下，基莉，"克莱娅轻声说道。"我会帮助你。触摸我的角；把你的声音与我相连。我虽然虚弱，但我们会一起做到这一点。"

基莉的指尖抚摸着角的沟槽，上下滑动，它们的思维在风中竞速。当这些建议传达到基莉的妈妈那里时，愤怒的话语渐渐消散了。"好吧。嗯。奇怪的感觉。奇怪，"她说。她迅速摇了摇头，清除掉她思维边缘仍残留的愤怒。"我听见你了，基莉。我来了。我来了。"她从毛巾上拿起冰袋，拿了另一个冰袋，清空了冰箱，抓起一盒果冻棒和一袋冷冻豌豆。随着她光着脚急忙冲出房子，门窗砰的一声关上。她停下来，意识到她没有鞋，而地面很冷。她环顾四周，看到了基莉的绿色牛仔靴，现在更加泥泞和磨损，靠在房子旁边，紧挨着她的自行车和红色战车。她拔出塞在鞋头里的纸巾，把脚塞进靴子里。"还是骑基莉的自行车吧，"她对自己说。"会更快的。"基莉的妈妈咽下恐慌，试图解开战车，但几秒钟后放弃了，意识到它是运送冷冻食物的绝佳工具。装满红战车后，她跨上自行车，把浴袍提起，系在腰间，开始疯狂地蹬着自行车朝马厩赶去。红战车在过去冬季暴风雪留下的怪兽踪迹中来回颠簸。米奇和格劳勒在她前面飞奔，引路。它们的彩虹块在早晨阳光中几乎看不见，被它们的别针牢牢地固定在原地。

基莉抚摸着克莱娅的脖子，哼着舒缓的摇篮曲，等待着她妈妈的到来。她没有试图盖住克莱娅的角；她意识到这是一个真相的时刻，希望她妈妈能够理解。"不要担心，基莉。一切都会没事的，"克莱娅低声说。

"基莉的妈妈的脚步声不断响起，穿过稻草堆积在马厩地板上的干叶，提醒着他们米奇、格劳勒和基莉的妈妈即将到来。

基莉不需要听到她母亲的话语，她在空气中感受到了。她的妈妈说："我来了，基莉。我带来了冰，但出了什么事？这一定是什么好事。发生了什么——还有——还有——什么——谁——哦，我的天哪！她是一只独角兽！我简直不敢相信我的眼睛。"接着她又说："她怎么了？她看起来很糟糕。她的眼睛暗淡无光——没有光芒。她生病了吗？"

"是的，妈妈。我不是故意叫醒你的。拜托不要生我的气。我需要你的帮助，也没有其他人可以帮忙。这就是为什么我叫你来的。克莱娅生病了，我不知道该怎么办。她发烧得很厉害，我希望冰可以降低她的体温。拜托帮帮我，妈妈。"基莉和克莱娅发来的平静的思维让玛吉咬住舌头，压制住脑海中仍然回荡的残酷言辞。

他们一起合作，打开了冰袋，用一堆小毛巾将几块冰包裹在一起。接着，他们把这些冰束放在克莱娅肿胀的腿和身体上，用豌豆袋系在她脖子上的螺纹上。冰很快融化了，在马厩地板上形成了小水池。基莉把两根冰棒塞进克莱娅的嘴里，她的眼睛露出微笑。"这药尝起来很好，"她笑了。

冰疗法奏效，迅速降低了发热，但难看的红色条纹和疙瘩仍然在克莱娅的身体上蔓延。"妈妈，我们该怎么办？西蒙走了，我知道赖特博士不会知道该怎么办。你觉得怎么样？"

基莉的妈妈仍然无法接受克莱娅是一只独角兽。"我简直无法相信这一切。这一定不是真的。我是不是还在睡觉，但感觉像是醒着？也许这是我读到的那些清醒的梦之一？"她双手紧握双拳，擦了擦双眼，然后慢慢伸出手，把颤抖的手放在克莱娅的角上。克莱娅角在她的触摸下闪闪发光，克莱娅移动着头，使玛吉的手能够抚摸到那些精致螺旋的沟槽。

"奇怪。多么奇怪……我觉得如此宁静，如此……是什么词？宁静？多么美妙的感觉。"她柔和地笑了，继续抚摸克莱娅的角，吸收着从每个沟槽中脉动的热量。角仿佛在她的触摸下发出了咕噜声。

"基莉，这真是一个奇迹。很难相信这一切正在发生，这是真的，她绝对生病了。我们必须帮助她康复。我不知道该怎么办。必须思考一下——嗯。"她闭上了双眼，似乎在站着的时候进入了睡梦，她回忆起了童年的片段。

"你知道吗，很久以前，当我还骑玛丽亚的时候，有一个真正的印第安人——帕尼部落，我想是他——有时和我一起骑马。他就骑着他斑点斑点的褐白相间的马，和我一起在山上飞奔。我曾经以为他把斑点涂在他的马身上，但后来我知道那只是一种印第安彩绘马，一种真正的马。他有着最黑、最笔直的头发，在我们飞驰时，就像一件浆硬的蝙蝠侠披风，而且——和——他的眼睛能够看到明天的彼岸，由天空染成了蓝色，没有白色边缘。他教我有关植物、树木、天空和大地的灵魂，以及如何与玛丽亚交谈，倾听她。让我想想——他的名字是——雷恩—不，不对，不是那个。他叫月云，但我喜欢称他为月光。我记不得原因了。我多年来都没有想起过他。我爸爸说他是个虚构的朋友根本不存在，但曾曾婆婆——哈，曾曾婆婆，你的婆婆姥母——认识他。她告诉我要相信他。然后有一天——我不知道发生在什么时候或为什么——他消失了，我再也没有见到他。我想可能是不久之后，我们失去了马厩，失去了所有的马，或者至少当时我以为是失去了一切。"

她眨巴着眼睛，不确定为什么现在想起了月云。她完全忘记了他，但她的思维似乎在戏弄她，不确定发生了什么。似乎有什么在戳动她的大脑，驱使她做一些她甚至没有想过的事情。嗯，不过，他教我如何用植物和树木制药物，以防需要在玛丽亚身上使用它们。也许它们会对克莱娅有帮助。也许这就是为什么我现在想起了他。

"那印第安咒语到底是什么？"她闭上眼睛，慢慢开始哼唱，希望词语会在哼唱中冒出来，它们确实出现了。"

> 绿桦树的树皮，橡树的种子，十朵黄水仙花的黄油—
> 红尾苇，柳树的眼泪，苏珊的眼睛—
> 在无月之夜的收获—没有风的轻拂，
> 在夏天的天空中煮沸—
> 在夏天的天空中煮沸—.
> 搅拌后用肉桂吸取—
> 缓解疼痛
> 使热病融化—
> 将眼泪变成雨—
> 将眼泪变成雨—。

"但我不确定这个咒语是否能治愈克莱娅的病。我不记得这个药剂应该在什么时候使用。玛丽亚从未得过这种病，只是轻微的感冒和一次因吃了太多野草莓而引起的胃痛。我认为它只有助于缓解疼痛和轻微的发热，而不适用于感染，而克莱娅看起来确实像是某种恶性疾病。尝试一下也无妨，但不要抱太大希望，基莉，认为这是解决办法。好吗？"

基莉轻声嘟哝着几乎听不见的"好"，然后迅速列出了任务清单。格劳勒被分配了寻找橡树种子的任务，因为基莉解释说橡树种子的另一个词是橡子。格劳勒知道去年秋天松鼠们埋藏了自己的储藏品的地方。当他找到埋藏他珍贵的炖肉骨的地方时，他发现了几个橡子地点。事实上，他知道松鼠们从不吃完他们为冬天埋藏的那些，因为一旦被雪和冰覆盖，他们总是很难挖出来。

梅奇被派去找一根红色尾巴的马尾草。她对马尾草有很多经验，因为它们是她在灌溉渠中捕捉小鱼作为快速小吃的主要植物。马尾草掩饰了她的接近，因为它们在风中像她的真实尾巴一样颤动，她可以偷偷接近并无法被发现地捕捉猎物。梅奇的一个激情是用爪子拍打马尾草，看着它们碎裂，将充满种子的羽毛尾巴沿着风的路径撒播更多的马尾草。她不确定是否有很多红色的马尾草，但她想她可能在老城市公园附近的沟渠中看到了一些。

基莉仍然在她妈妈周围小心翼翼不确定她的新好心情会持续多久。 克莱娅继续轰炸玛吉的思维。她设法让玛吉想起了月云的一切。 玛吉怀疑地盯着克莱娅，几乎感到情绪波动，她摇了几下头，驱散了余下顽固的黑暗思想。她张开嘴要抗议，但却发现自己自愿去找水仙黄油、黑眼苏珊、肉桂吸管、锅和用来烹饪的露营炉。 玛吉记得自己从几乎被遗忘的家庭露营之旅中看到了一些装备。她知道在婆婆的老花园里，数百朵黄水仙和黑眼苏珊曾经生长过，她认为它们现在应该开花了。当她还是个小女孩的时候，她经常停下来闻它们，但多年来几乎没有注意它们。她相当确定还有一些肉桂棒，那些看起来像卷曲小吸管的，是很久以前的一个万圣节派对剩下来的，她用来制作热苹果酒，并给每个人一个肉桂棒来搅拌。 玛吉充满了鲜花和温暖的苹果酒的回忆，用克莱娅旧的独角兽帽子上的丝带将她的头发扎成了一个马尾辫。她看起来更年轻和脆弱。"我们做吧，"她嘟囔着笑了，眼睛皱巴巴的。

基莉自己的任务清单包括绿桦树的树皮、柳树的眼泪和夏天天空中的冰滴。这三样东西中有两样很容易，最后一样则较难。

"各位，记住，"基莉对大家说，"除非没有月亮和风，否则不要收集任何东西。"

第十一章

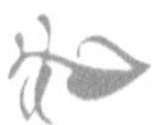

稀少之夜：无风无月无星

幸运的是，那个夏夜没有星星，月亮完全被黑紫色的云层覆盖。尽管是傍晚，但热浪似乎还停留在空气中，没有一丝风吹破寂静。打破宁静的是格劳勒的指甲发出的快速划痕声，他在寻找埋藏的橡子。他挖的第一个洞里发现了一些花生和一些箔纸。在第二个洞里，他找到了一些腐烂的苹果核和南瓜籽。到了第十个洞，他开始感到疲倦、炎热，有点脾气暴躁。

"该死的！好吧，松鼠们，"格劳勒嘟哝着，"你们把橡子藏哪了？我知道你们不可能吃掉你们埋的所有橡子。等一下。我想我看到松鼠在基莉后院的大门边埋了一些东西。也许那里会有橡子。"他奔向后门，开始疯狂地挖一个洞。首先，他找到了一个没有盖子的旧高尔夫球，橡皮筋露在外面。他用嘴咬住它，生气地来回摇晃，然后抛开。他再次看着洞里，看到了某物在地下的土壤下面，刚刚那个高尔夫球的地方。他小心地刷去了那个某物上剩下的泥土，发现不止一个，而是两个完美的橡子。

他停顿了一会儿，朝没有风的天空发出了深沉而沙哑的嚎叫声："我找到了橡子！"他轻轻地放在嘴里，旋转他的彩虹围巾，飞向了马厩。

与此同时，镇外，梅奇正在四处搜寻。她的尾巴静静地来回摆动，是唯一一件在摇摆的东西，她漫步在一个最大的灌溉渠边的一片马尾草沼泽中。"嗯，这里有一个金马尾草和一个绿色的马尾草，"她低声咕哝着，"成千上万个褐色的，看起来像热狗刚刚离开烤架。我看不到一个红色的。不知道为什么？"夜晚是如此的宁静，她的尾巴摆动是唯一打破寂静的声音。她越来越深入泥沼，尾巴在她后面关闭，没有留下她的路径迹象。

她穿过一堆紧密聚集的芦苇，进入芦苇的一个空地，发现了一个曾经被某人作为垃圾倾倒的地方，这个人懒得以合法方式处理垃圾。很明显，那个不知名的人是涂料行业的人，因为有一堆空的或部分空的油漆罐散落在地上。有些油漆罐敞开，水流进来又流出去，将水变成了以前只用于墙壁、栅栏和马厩的颜色。

马厩的油漆桶必须比空的多，因为一个地方的水完全变成了红色，而其他颜色的黄色、淡紫色和皇家蓝色则在不断扩大的圆圈边缘吸吮。这些油漆杀死了大部分马尾草，它们失去了尾巴，只剩下了新创作的画家调色板中的毛笔，就像等待被选择用于未被涂抹但已知的作品的刷子。

然而，在画布最红的部分的正中央，一根生长在颜料上的马尾草在颜料上茁壮成长。它是最美丽的红色，闪烁着像金羊毛一样的光辉，几乎要爆裂了。

"就在那里！"梅奇大叫着，她优雅的语调瞬间丧失。"现在我只需想办法取下它而不被弄脏就行了。也许我可以飞到它上面，停在那里，就像蜂鸟一样，同时把它从水中拉出来。然后我可以飞给基莉，而不弄得很脏。"

这似乎是一个不错的计划，但梅奇没有考虑到从泥泞的地面上拉一根马尾草可能会有点困难。她很快就发现了这个事实。在将彩虹围巾剩下的碎片团拢在脖子上并用别针固定后，她飞到了马尾草的基部稍微低于位置，开始用爪子拼命拉着马尾草的茎，然后用牙齿试图拉出来。她无法稳稳地抓住滑溜的茎，所以她将彩虹围巾的一端绕在茎上，试图将其打断，而不是从地里拔出来。她用牙齿咬住围巾，试图侧身飞行，尽可能地快。有一刹那，看起来这样可能会奏效，但在一个比秒表更快的飞行秒钟内，彩虹被撕成了碎片，因为毕竟，彩虹是相当薄的东西。梅奇翻滚，一直在空中度过了摔倒的第一部分，但在第二次翻滚中，她落在了五光十色的水中，划动着，骂着。"该死。这该死的马尾草应该被砍头。哈。"

在接下来的几分钟里，她试图清理自己，用舌头舔胡须，用爪子擦脸。为了查看她的努力结果，她找到了一块略微干净一些的渠水，专注地看着她的倒影。"啊，这是没有希望的。我看起来像是那些婆婆总是和基莉说的画作——杰克逊·波洛克，我想。婆婆说，他们总是看起来像是他在画布上扔了一罐罐的油漆，让它滴入一些令人难以置信的东西。不能说这是不可思议的范围，更像是最后的复活节蛋涂料的最后一个作品，你将所有剩下的颜色混在一起，创造出最后一个看起来像是有颜色的泥巴的杰作。然而，我更愿意认为我已经被波洛克而不是泥球弄脏了。"

"嗯，接下来我该尝试什么呢？"梅奇思考着。"好吧，我敢打赌我可以咬断茎。我想味道不会让我兴奋，但我倒是可以看看我的牙齿够不够锋利来完成这个任务。"

梅奇收集剩下的彩虹围巾碎片，将它们围绕在脖子上，用别针固定。她甚至试图优雅地甩掉一些新斑点，并成功地将它们传播到周围的马尾草上，就像一个艺术家在等待的画布上摇动他的画笔一样。她慢慢飞行，尽量避免与水接触。她保持了一个略低于马尾草基部的悬停位置，转过头，用牙齿抓住茎，开始咬。

呃，味道像是湿了的纸板，没有多少味道。但没有味道总比有恶心的味道好，梅奇想。她继续咬，马尾草开始弯曲。就在茎断裂之前，梅奇轻轻地用嘴抓住马尾草，胡须抽搐，眼睛微微发笑。梅奇的消息随着风飞向了马厩："我找到了马尾草，伙伴们。我来了，基莉。"

与此同时，基莉的妈妈正在老花园里，收集物品并自言自语。"首先是黑眼苏珊的眼睛——哇，我已经好久没有来这个地方了。尽管妈妈走了，花园似乎仍然兴旺。我真的必须更经常来这里。看看这些玫瑰。我打赌它们闻起来一定很香。"她弯下腰深深地闻了一下所有的玫瑰——红色的、紫色的、黄色的、桃色的——她妈妈的爱的五颜六色之一触摸她片刻。她走进了茂密的小径，停下来闻每一朵花，沿途收集一些内心的平静。几分钟后，她发现了一片笑脸雏菊的区域，它们的明亮黄色中心被白色包围，紧挨着它们，她找到了自己想要的东西。"啊，黑眼苏珊。你们都在这里。你们是漂亮的，带着华丽的橙黄色头部和几乎黑色的眼睛。看看你们的叶子和茎上的毛发，几乎像毛一样。"她弯下身，摘了几株最壮观的，闻了闻，微笑着放进自己的自制袋子里，挂在肩上。

"好的，接下来是水仙花。如果我没记错的话，一片水仙花围绕着花园中央的一个古老喷泉。"她慢慢前进，穿过一些从几棵树上垂下的藤蔓，来到一片长满黄色和白色水仙花的领地。水仙花有很多，以至于这一景象让她屏住了呼吸。她开始采摘花朵，选择那些花瓣最明亮的黄色，是水仙花的最佳代表。

"好了，这是十朵。我再多摘几朵，以防需要。既然我在这里，我想我会去看看那座古老的喷泉。它肯定被杂草覆盖了。"她走到喷泉旁，开始拔除基座上的杂草，一开始缓慢，然后急迫地加快，仿佛有什么东西在驱使她暴露在喷泉上方的雕像。玛吉拔掉了几根盘绕的根茎，部分露出了一个沾满铜绿色的铜板底下的字迹，虽然在黑暗的天空下，她看到了一些字：她看到了一叠文件 ― 后面跟着一些无法辨认的字母 ― 还有可能。

她放下基座，继续拔掉那雕像上的藤蔓。"哦，不！"她说。"看看那个！是不是我的眼花了？"终于，那座被草和树枝覆盖的雕像从负担中解脱出来，一尊完美雕刻的纯白色独角兽显现出来。尽管没有月光，但独角兽在黑暗中闪烁，她的大理石背和头部保持着冰冷，就像基莉的妈妈轻轻抚摸她一样。独角兽的头部稍微低垂，角度略倾斜。当喷泉运行时，水应该从角尖流出。今晚没有水流，角上有一些小裂缝，表明这座喷泉已经多年没有使用。它仿佛被冻结了，就像是活的——时间中的优雅，屏住呼吸，等待再次呼吸。"我不知道为什么我会忘记这座喷泉。好像自从我最后一次听到它开心地汩汩作响以来已经过去了好久了。"

玛吉摆动着她的马尾辫，将水仙花放进背包，然后朝家的方向前进，她的任务近乎完成。她走进后门进入厨房，甚至不在意屏门砰地关上，将最后一对腐烂的百叶窗倾斜到左边。打开橱柜，她开始寻找肉桂棒。"牙签、纸杯蛋糕模具、盐、一块红糖、果汁粉——我可能忘记了把它放在这里。"她伸手到橱柜最角落，穿过蜘蛛网和很久以前洒落的玉米面，她的手指够得着两瓶香料瓶。她把它们一起拿出来，发现一瓶是黑色罂粟籽，另一瓶里还剩下三根肉桂棒。肉桂棒看起来像瓶子里卷曲的红褐色树皮。"找到了！太好了。现在我要尽快赶到马厩。"

她刚走出后门，就想起了锅和露营炉。她赶紧跑回去，穿过狭窄的走廊，用力拽开阁楼的楼梯，发出响亮的吱嘎声和重重的撞击声。爬上晃动的楼梯后，花了好几分钟在各种堆积的东西中寻找旧露营装备的那一堆。她先找到了一个锅，然后在堆的底部翻找了一会儿，发现了两个炉头的阔人气体炉。幸运的是，还有一些未使用的气罐，虽然有些尘土但仍然装满了气体。她急忙找了些东西用来包裹气罐，防止它们碰撞在一起，并从旧藤条箱底部找到了一块大块淡蓝色的布料，上面有白色方格的轮廓。在短暂的停顿中，基莉的妈妈用法兰绒轻轻抚摸自己的脸，擦去了一滴孤独的泪水和一个遥远的记忆。她包好两个气罐，小心地放进锅里。她用一个手提箱手柄拿起炉头，另一只手挂上其他的东西，还有一些自由的手指帮助她下楼。"终于准备好离开了，"她说。她开始哼着一首曲子，同时她朝着马厩飞去。

与此同时，基莉开始处理她的物品，前两样很容易。她将她的收集袋——一个小巧的、可折叠的袋子，放进后口袋，然后飞向她的四个最好的朋友：勒夫特、威尔、查特鲁迪和肖蒂。"哦，见到你们真好。我好想你们。"她短暂地挂在肖蒂的胳膊上，然后轻轻地摇摆到查特鲁迪宽大树干上的V形分岔处。站起来，她尽量用手臂抱住树干的一部分，紧紧拥抱着。"查特鲁迪，我有一个请求。我能拜托你允许我剥下一些你的树皮，用在克莱娅的药物中吗？我不想伤害你，我会非常温柔地剥下它们。"这棵树似乎理解了，当基莉开始剥下树皮时，树松了，没有任何拉扯，就释放出那些碎片。

接下来，基莉爬上威尔的臂膀，几乎到她亲爱的朋友的顶部。她爬到她经常用来掩饰自己的痛苦的地方，以阻止伤害性的言辞的疼痛。仔细看，基莉看到威尔的树干上有多处从内部渗出的树脂，结晶成粘在树皮上的块状物。其中有几个树脂块正好呈现出大眼泪的形状。她问威尔是否可以让她拿一些他的柳树眼泪，而她感到的回答是"当然"。她小心翼翼地把它们放进她的袋子里，和白桦树皮一起，然后休息片刻，考虑如何从夏日的天空获取冰露滴。

抬头看月亮，它仍然被深紫色的云层遮盖，基莉决定尝试从最高的云层中收集一些冰。她将收集袋的柔软提手系在两个皮带环上，尽快飞向云块。她首先到达的云块中没有冰，只有一点水，所以她飞得更高。基莉注意到，当她飞得更高时，天气变得更冷了，没有星星照亮她，也没有星星来引导她。

在她的前方，正好在头顶上，厚重的、深紫色的云彼此叠加，碰撞时发出雷声。邪恶的闪电在阴影中划过。基莉颤抖，一部分是因为寒冷，一部分是因为担忧。她从未飞得这么远，甚至当他们追逐和骑在星星的尾巴上时也没有，而这一次她是独自一人。她吞下恐惧，决心冲入最黑暗的云层，然后突然后退。在云层内部，闪电在黑暗中随机飞舞，偶尔穿越云层，然后消失在夜空中。冰球整齐排列，从一边延伸到另一边。不可能确定有多少层冰球，但基莉数了至少五层。每次云层移动，冰球滚动，相互碰撞，铜钹般的撞击声如此之响，导致她的耳朵感觉疼痛在基莉看来，它们就像是小型保龄球互相撞击，而不是像是在表演抛接技巧的道具。

当基莉站在那里数着冰球时，另一团受伤的云团折叠进了她所站的云团，来自闯入者的冰球雪崩般地掉在现有的排列上，将基莉撞倒。她在冰原上滑行，不断碰撞，她滑向柔软的边缘，笑得不认识危险。"哦，这有点有趣——只有球的冰保龄球。我最好赶紧抓一些，以防它们开始从天空中掉下来。"她刚说这话，黑色和蓝色云层的底部裂开，冰球流向地面。她打开袋子，拼命地收集尽可能多的冰球，然后才避免它倾倒出来的宝藏。

基莉随着冰球一起被吐出来，经历了一段可怕的时刻，她失去了控制，向地球坠落。恐惧的阴影抓住了她，当她坠落时。基莉需要全神贯注来制止内心膨胀的恐慌，停止坠落。她寻找了避雨的地方，向左瞥了一眼，看到还没有变黑的一团银色云。她将袋子举过头，以最快的速度飞向银色枕头的中央。不仅内部安全而干燥，而且柔软得令人难以置信，它温柔地包裹着她，当冰球在黑暗的天空中暴风雨般地袭击，砸向街道，撞击树木和屋顶，直到它们能量耗尽，颤抖地躺在地上。

"噢，那真是险些丧命。"

当天空变得宁静时，松了一口气的基莉小心翼翼地从云的拥抱中解脱出来，把沉重的袋子背到肩上，像背包一样，用柔软的提手作为肩带。她继续飞向马厩。"我来了，克莱娅，"她在黑暗中想唱。

从夏天的天空收割冰块

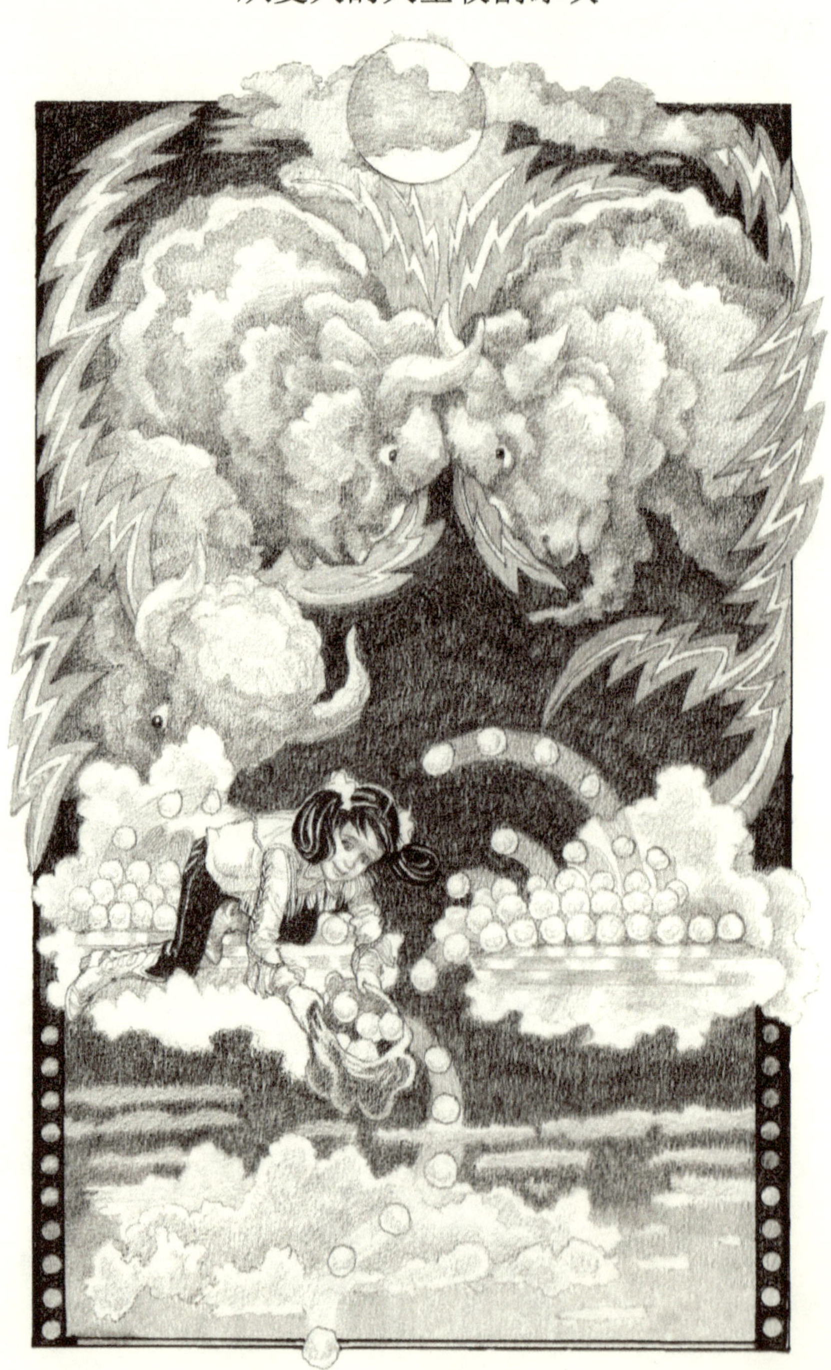

第十二章

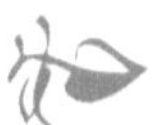

午夜酝酿

当基莉接近马厩时，天仍然很黑，月亮继续躲在云层后面。她是最后一个到达的，其他人热情地欢迎她，她从背上解下了她的袋子。她的妈妈点亮并重新挂上油灯，它发出微弱的光，投射出奇怪的阴影在马厩内。

"让我们开始吧，"玛吉说。"这是锅。我会安装露营炉并点火。"基莉的妈妈工作了几分钟，将煤气罐连接起来，因为零件生锈，很难拼合在一起。然而，她成功了，然后转过身来看其他人的进展。

夏天的天空中的冰迅速融化，但仍有几个大块。基莉将完整的冰球和液体都倒进了锅里。"轮到你了，格劳勒。"

啪嗒。啪嗒。两颗橡子从他的口袋里吐出，掉进了锅里。

"终于可以摆脱它们了。它们开始变得有点软，我不喜欢它们苦涩的味道。它们让我的喉咙更难受"格劳勒评论道。

"接下来是你了，梅奇。"基莉转向她，第一次自她回到马厩以来仔细看着她。"哎呀，你怎么了？你漂亮的皮毛上都是什么？"

颜料附着在她的杂色皮毛的每一个尖端，除了她的髯子周围和眼睛和嘴巴周围，她设法舔干净了。她的尾巴似乎保留了最多的颜料。甚至还有一些发光的荧光橙色和绿色颜料斑块，这些颜色在水面上看不见，但显然在梅奇游过的地方汇集在表面以下。要等几个月才能消失，而且整个时间内都将是谈话和评论的话题。

"嗯，"梅奇嗤之以鼻，"真不可思议。我被惊呆了了。让我告诉你们发生了什么事，"她这样做了，拉出每个音节以强调她的愤怒。

接下来，梅奇撕碎了红色香蒲的尾巴，用她的爪子将它分成碎片，均匀地分布在锅的上方。红色的颜料被吸收到香蒲的核心，因为植物从灌溉渠道中吸水，每个去尾的、柔软的羽毛状鳞片都均匀地涂满了红色，不仅仅是顶部或隐藏在下面的棕色鳞片的涂层。当它们降落并漂浮在冰水表面时，它们发出很少的噪音，有一些小块附着在锅的侧面。

"好了，妈妈，轮到你了。"

玛吉迅速走了上去。从十朵水仙花中选出十朵最黄的，她熟练地去掉了它们的花瓣，将它们撒在香蒲羽毛上。然后，她拿起了最大、最美丽的黑眼苏珊并小心翼翼地将花眼从其他花朵上分离出来。它被小心翼翼地放在锅的中间，放在水仙花瓣的上面，似乎开成了一种新型的异国花卉，黄色的花瓣和红色的羽毛从边缘露出。它看起来几乎太漂亮，不敢碰。

但基莉这样做了，她撕碎了查特鲁迪的树皮，将它们撕成小块，均匀地分布在花瓣上。接下来，她取下了威尔的眼泪，将它们放在手掌中片刻，然后迅速弯下身子，亲吻每一颗，然后将它们放入冰水中。"谢谢你，威尔。谢谢你，查特鲁迪，"基莉轻声说。

一旦炉子点燃，冰很快就融化了，几分钟后整个混合物开始翻滚。基莉用三根卷曲的肉桂树皮棍搅拌这个混合物，肉桂的香气弥漫在空气中，与水仙花、黑眼苏珊和白桦树皮的淡香混合在一起。柳树眼泪融化并融入混合物中需要一点时间。当它们变软时，它们看起来像焦糖糖果般的丝带，随着搅拌的进行，它们漩涡成不透明的细丝，粘在肉桂卷曲上，直到它们溶解。

"准备好了。但我觉得它太烫了，不能喝。"基莉用一个大碗舀一些热混合物，开始用手扇风来冷却它。几分钟后，

"波洛克"梅奇撕碎红色的香蒲

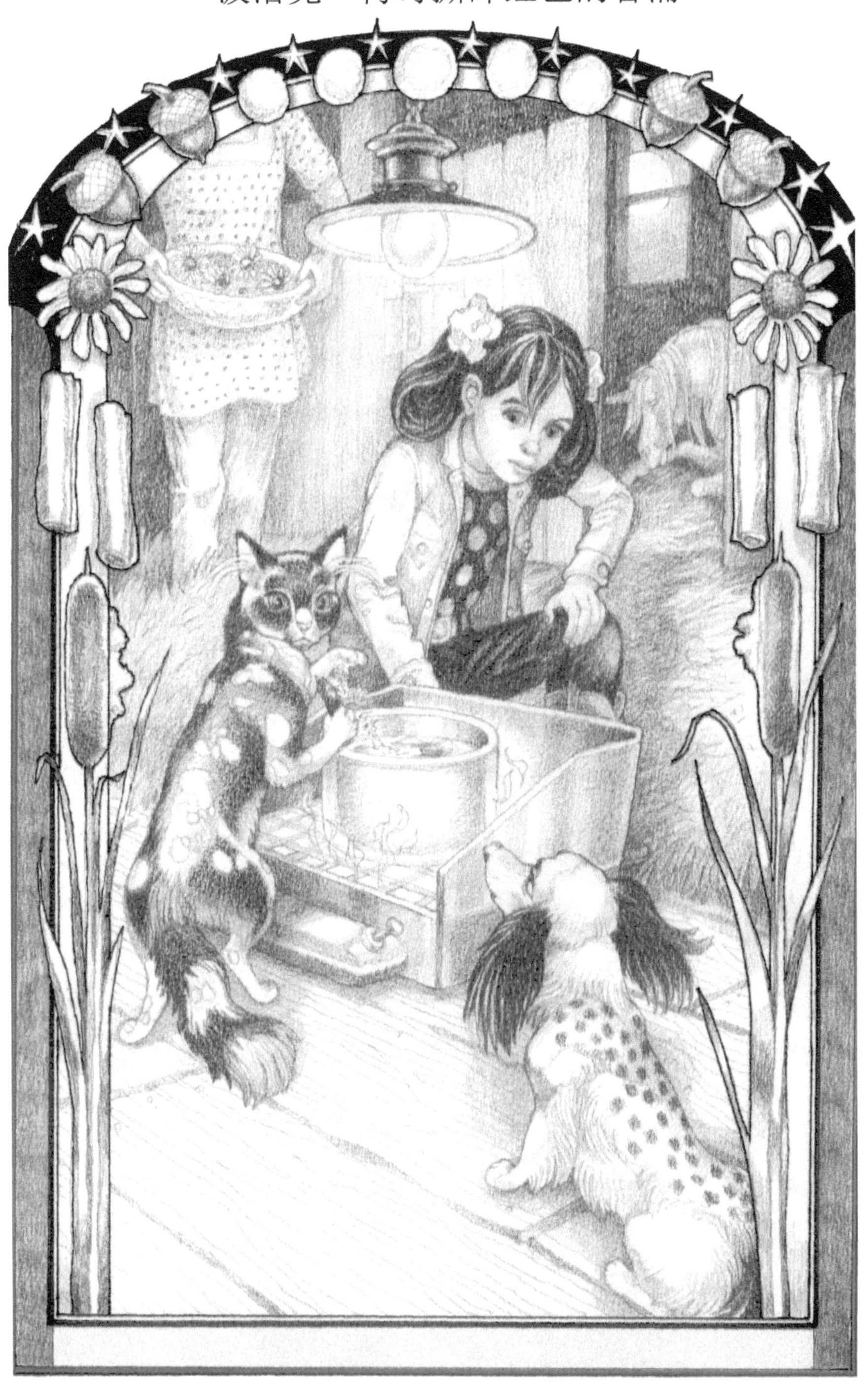

她通过将手指浸入液体中来测试温度。"还是太烫。"她继续搅拌这个混合物，不时测试它，直到她觉得它已经足够凉爽，克莱娅可以喝而不会烫伤她的嘴巴。梅奇、格劳勒、基莉和玛吉聚集在克莱娅周围，她试图通过第三根肉桂树皮吸管喝混合物。

拿着薄薄的香料卷，玛吉稳住碗，以防它翻倒。

嗯，好吃。这味道美味，克莱娅想着，我喜欢这个。

当她从碗里啜饮最后一口时，克莱娅开始感到奇怪。她的头慢慢旋转，她注意到围绕她的角上有一片越来越多的星星；声音的嗡嗡声变得越来越微弱。克莱娅软软地倒在马厩的一堆稻草上，她的眼睛闭上了，漂向等待的星星。

"发生了什么？"基莉哭叫。"哦，不！她死了吗？我们做了什么？"

第十三章

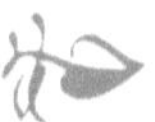

第一个线索

痛苦似乎挥之不去地挥之不去，沉默只被他们四个人的哭泣声打破。基莉伸手抚摸克莱娅的脖子，把头亲爱地放在克莱娅的背上，继续触摸她。从很远很远的地方传来了安抚的、低声细语，只有基莉能听到，只有基莉能感觉到那里。"嘘，嘘，基莉，别哭。克莱娅还活着。她在睡觉。她在睡觉。她不感到疼痛。不要哭。你的药让她入睡，降低了发烧。"

然后，被压制的声音，她的预知感继续说话，这些声音轻抚着基莉的脸颊。"现在是艰难的部分，基莉。克莱娅会在这个宁静的状态下待上一段时间，然后她要么死亡，要么康复。为了让她康复，你必须前往宇宙的最远地方寻找治疗方法。我会告诉你需要寻找和带回来的东西，但我不能帮助你收集这些东西。你和克莱娅有联系这个联系将是她康复的关键。梅奇和格劳勒是你的助手；带上红车一起去，用来携带药剂的成分。在出发之前，确保为梅奇和格劳勒获取新的鲜彩虹条并绑在红车的车轮上。你没有太多的时间。就在你离开之前，翻转你公公的沙漏。你必须在红沙流尽之前返回，否则克莱娅会死去。最重要的是，基莉，不要害怕。你能做到。相信它。相信你自己。

"基莉睁开眼睛，瞥了一眼其他人，看看他们是否也听到了那个声音。但其他人继续悄悄地哭泣，仍然认为克莱娅已经死了。声音的叹息刺激了基莉的记忆，但它仍然被遗忘了。基莉知道那个声音类似于婆婆，但并不完全相同。它是她头脑中的一个较强的声音之一，不像她小时候困扰她的讨厌的仙子声音。这个声音大得多，执着，它希望她根据这些话行动。基莉曾一度以为它可能是她的守护天使的声音，派来守护她，她并不远。婆婆曾告诉她，各种特殊的生物和动物都是守护天使，也许这就是她所说的。

基莉并不知道，事实上，正是她的预知感让她更容易感受声音，同时听到它们。这是婆婆打算在她十二岁时教她的教训之一。基莉现在别无选择，她必须自己弄清楚并学会相信她所听到和感受到的东西。

"她在睡觉，"基莉说。"她还没有死，还没有。我刚刚听到一个声音告诉我，我们必须怎么做才能让她不死。我们必须赶紧，时间不多。这非常严重。我们的药物稍微有所帮助，降低了发烧，但没有治愈她。"基莉努力克服怀疑，试图努力成为坚强的人，相信她的感觉，信任她的思维，听从她的预知感。

"梅奇，格劳勒，我们必须立即为长途旅行做好准备，我们将带上红车。妈妈，我会尽快回来的。拜托照看克莱娅，直到我们回来。"

"基莉，我不希望你走，"她妈妈说。"我为你担心。如果发生什么事怎么办？我们为什么不叫兽医来看看，看他能不能帮忙？拜托不要走。我对这件事有一种可怕的感觉，"她恳求。

"妈妈，这是我必须做的事情。如果我不试图拯救她，克莱娅就会死。不要担心。我有梅奇和格劳勒来照顾我，我会在你发现之前就回来了。现在我们必须回家，我可以收拾一些东西，准备好出发。"

基莉的妈妈又开始抗议，命令她留下，但她听到微风轻轻吹着她的名字。"玛-吉，玛-吉，请让她走。相信她。基莉可以做到。她必须做到。帮助她坚强。告诉她。告诉她，玛吉。" 玛吉摇了摇头，看着微风在马厩门里呼啸，伴着一些树叶的歌声。仍然不完全相信自己听到了什么，基莉的妈妈从包里拿出柔软的蓝白相间格子绒毯，轻轻地铺在熟睡的克莱娅上。在平整所有皱褶并把它围绕在克莱娅的脖子上后，她开始唱摇篮曲，默默念着歌词："小宝贝，睡觉吧。别醒来——妈妈在这里。所有的照顾都会得到。

"然后基莉的妈妈深深地呼吸了一口气，弯下身吻了克莱娅的头顶。"快点，康复，克莱娅。康复，"她说，然后她站起来，加入其他人，他们正在离开去基莉的家。就在他们起飞之前，基莉想到了一件几乎忘记带上的东西，跑回马厩，抓住了旧魔毯，并铺在红车的底部。

一旦他们都进了基莉的家，准备工作就变得有点忙乱。每个人都有自己关于他们需要什么的想法，供应品堆积在厨房地板的中间。梅奇拖出了一个旧沙滩桶和一个塑料铲子。格劳勒找到了一根绳子，一团粗麻绳，和三包陈旧的紫色泡泡殃。基莉加了一条沙滩毛巾，两件卫衣，一把小锤子，和一个带有额外D型电池的手电筒。基莉的妈妈做了花生酱和果酱三明治和一加仑的果汁，使用她在寻找肉桂吸管时发现的樱桃味包装。她还扔进了一些骨头给格劳勒，几罐金枪鱼给梅奇。

装备红车并没有花太多时间。当其他人继续打包时，基莉迅速飞到最近的彩虹。当她独自一人时，她最喜欢的飞行方式是张开手臂，扩展它们以捕捉风，斜飞以感受天空的触感。有时她会翻身到背部，获得不同的视角，倒挂飞行，用手划动前进或倒退或停下来，悬停几分钟近距离凝视星星。基莉微笑着闭上眼睛，无声地滑翔，让凉爽的夜晚空气把她带到远处等待的条纹。

幸运的是，天空仍然拱出一道巨大的彩虹留下了雷暴中基莉收集冰球的痕迹。她从一端开始，卷起了这些凉爽的棉花糖条纹，有桃红、玫瑰色、淡紫色和薄荷绿。把它们捆成一个球，塞进了她的枕套袋子里，然后以思绪所能承受的最快速度回家了。

基莉在妈妈、梅奇和格劳勒身边飞驰而过，进入了家庭房，凝视着沙漏，它仍然高高地立在电视上方的它的荣耀之地。它真的很巨大，如果它放在地板上，就会高过基莉的腰。红色的沙在早晨的第一缕阳光中闪闪发光，透过百叶窗的窗户。基莉站在椅子上，伸手够到架子上，并开始翻转沙漏，以开始她的时间，但后来她想出了一个更好的主意。她双手紧紧地抓住它，从椅子上爬下来，不是竖起来，而是横放在房间的一个黑暗角落里。"你在那里，狡猾的东西，"她说。"你不会偷走克莱娅的时间，也不会偷走我的时间。只要躺在你的一边，沙就不会流尽。嘿，公公，我不会让那只沙虫抓住我们的时间！"基莉通过扩音器杯形的手喊着，她跑过厨房去等待的红车。

玛吉看着她匆忙出去。"基莉，你可能想穿上你的牛仔靴，"她建议道。"我借了它们去马棚，但如果你想穿上它们，它们在这里。我甚至稍微清理了一下。"

"当然。我在哪儿放过它们我不确定。我知道它们被泥巴弄脏了，"基莉说着，把脚塞进仍然有点太大的靴子里。她不得不再次脱掉它们，用报纸和棉球重新填充鞋尖，以便它们合身。现在我看起来就像唐叔叔，基莉想，用毛衣的袖子擦拭一个磨损的脚趾，然后再擦拭另一个。当她擦拭时，一些字母出现在仿皮革的绿色蛇皮饰边上：首先是一个G，然后是一个O，接下来是一个L，然后是一个D，然后是一个弧形的半圆，喷出淡淡的浆果、玫瑰、桃红和薄荷绿色。

"我在哪里看到过这些颜色？"她大声说。"这是什么意思？G-o-l-d——嗯。这可能是什么？我知道这个标记，但它是什么？梅奇，格劳勒，你们觉得这是什么？"

就在她的嘴唇说出这些话的瞬间，他们三个人同时想到了答案。

彩虹。金色的彩虹。

"我们的第一个线索！我们有了第一个线索。让我们出发吧，"基莉兴奋地说。红车的包装已经完成，她的自行车看起来相当沮丧，独自站着，很长时间没有绑上了。基莉取出了她的一卷彩虹，首先包裹了她的雷迪奥飞行者的车轮，然后是把手，最后完成了工作，她把一些碎彩虹片塞在绳卷和酷爱罐之间。接下来，她展开两根长长的、围巾大小的彩虹条，一根绕在梅奇的脖子上，另一根绕在格劳勒的脖子上。她用别针固定了两根围巾，然后站在一边欣赏自己的手工。"好吧，我想我们准备好了，"她说。"我们有没有忘记什么？让我们迅速过一遍检查清单。"她最后一次环顾四周，看到坐在地上的旧枕套，现在已经半满了彩虹。"还是塞点东西进去吧，"她嘀咕道。"你永远不知道我们什么时候可能需要额外的彩虹。还有这些唐叔叔留下的皮手套，我想我也把它们扔进去。虽然它们大得离谱，但它们相当暖和。"

检查和反复检查供应品花了几分钟，但最终他们感到自信，终于准备好出发。格劳勒自愿拉着红车，基莉用两根她爸爸的旧皮带给他做了一个马具，在最后一刻用彩虹碎片包裹了它们，以帮助飞行。

基莉的妈妈站在后门，咽下了"你不能去"的话。她试着微笑着鼓励他们。"小心点。早点回来，不要担心克莱娅。我会经常去看看她，确保她没事。"她双臂交叉，紧紧地抱住自己的胸部，试图不表现出她的恐惧。就在她要说点什么的时候，一个遥远的思想涌入了她的脑海，一个记忆，一种声音，阻止了她嘴里的烧苦、熔岩般的话语流。

"不要担心，妈妈，"基莉说。"我们会没事的。"

"我不想——" 玛吉的喉咙里卡住了这句话。思绪消失了，变得模糊，变成了"想——嗯……还有，基莉，记得停下来闻花香，"她微笑着说。基莉的妈妈不能确定是什么让她的嘴巴不再喷发出苦涩、熔岩般的话语，这一变化令人吃惊，也受到了周围人的欢迎。

这个小组带着积极的思绪出发。红车几乎在第一个屋顶险些翻倒，但格劳勒反应迅速，挽救了这一天。没有人听到基莉的妈妈的最后一句话，因为她的声音被吸收并消失在早晨的薄雾中。"我相信你，基莉。我相信你。"

第十四章

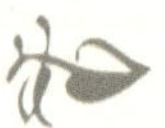

彩虹河

　　他们飞行了几分钟，每个人都专注于飞行，努力不去担心克莱娅或面前的任务。基莉正在思考那句神秘的信息："金彩虹"，试图决定它是否意味着彩虹金和彩虹尽头的金色，还是一道只有金色而不七彩颜色的彩虹。当然，接下来的问题将是确切地弄清楚他们应该在那里找到什么，以帮助克莱娅。

　　飞越了四道只有三种颜色——粉色、蓝色和黄色的小彩虹后，他们接近了一件悬挂在天空中静止不动的勺子形状的银色物体；星星在它的角落闪烁，星星点缀着勺子的碗和长弯曲的把手。它优雅地上升，高过三栋叠放在一起的双层房子，是一座小型摩天大楼。我不知道那是什么？他们都在一起思考。

　　"我们去看看吧。现在是午餐时间，这个地方看起来不错，"基莉在勺子把手的顶端停下来，选择了一个足够宽敞放置野餐餐点的平坦地点。"这太棒了。感觉很光滑，我以为在这么高的地方会很冷，但并不是。请坐。"小组人仔细地平衡在两英尺宽的金属表面上，然后吃饭。之后，基莉重新打包了红车，调整了格劳勒胸部的马具。然而，他们不是立刻飞走，她无法抵挡探索这个神秘物体的冲动——只是一点点。

　　"嗯，你知道啦，这很奇怪。我想知道它为什么在这里？也许它是公公说的一种勺子。他告诉我有两种，一种小的，一种大的，其中一种看起来像是把星星倒进另一种的。我不记得哪个是哪个。婆婆给我讲过有孩子被困在月球上，然后跳上勺子穿越天空的着陆点。她称它们为勺子穿梭飞船。也许那是她的一个真实故事？我们来看看把手的底部，检查一下勺子的部分。"

队伍飞下去，小勺子的碗里充满了激烈搅动的光，就像漩涡的尾巴一样。它似乎在太空中等待，中性档，有一个原因。一旦他们碰到它，他们的手和爪子立刻被粘在了小勺的碗沿上，将他们固定在那里。整个小型摩天大楼的小勺子起飞了。它不再等待乘客了！基莉的思绪中闪过了公公和疯狂胶以及他坚定的信仰，认为疯狂胶是世界上最好的发明，因为它可以永远把任何东西粘在一起。我希望他错了，基莉想，这最好不是疯狂胶。

"我的天呀！"梅奇喊道。当他们滑行并在天空中旋转时，尖叫声从他们的思绪和嘴里爆发出来，他们的嚎叫的"ow"部分被甩在了后面。基莉因恐惧而起鸡皮疙瘩，看着格劳勒和梅奇。她看到他们也害怕，他们的毛都竖了起来，伸展的身体颤抖着。基莉闭上眼睛，专心致志。她用玛丽亚的思绪训练来首先平定自己的恐惧，然后将平静的思绪发送给她的伙伴。当他们穿过几层星星时，小勺穿梭继续加速，迅猛地投向他们未知的目的地，但这三人放松到了一定程度，平静下来度过了剩下的行程。基莉凝视着逼近的星团，注意到这些星星与众不同。星星的散布消失了，形成了一个椭圆形设计。

"嗯，那些星星很奇怪，"她说，"我觉得它们的形状和这个小勺一样，只是大得多。"紧接着，他们不仅到达了星星团，几乎进入了它。他们的小勺刚开始缓慢旋转，然后越来越快，沉入更大的星星勺子，并发出一系列的咔哒声和爆炸声，直到它停靠在一个港口。手和爪子被释放，他们都掉到了他们的穿梭舱地板上。地板上的十二个小窗显示出银河闪烁的光芒。片刻之后，他们认为自己是安全的，但随后穿梭突然起飞，将他们的身体猛烈撞击到墙上。不需要安全带；离心力把他们固定在那里，尽管他们不能动弹一根肌肉，但他们仍然可以通过思绪交流。

梅奇保持着幽默感，尽管她嘴唇紧闭，她开玩笑说：至少我们不再把尾巴垂在银河上了。他们在黏性的天空中犹豫了几分钟，什么也看不见，感觉就像被包裹在粘液的层层中。几分钟后，双勺穿梭，所有的乘客都摇摇摆摆，但完好无损地出现并停在半空中——准备卸载。

梅奇是第一个从墙上掉下来的，她欢呼着庆祝她的自由。她从窗户下面看到了窗户边缘的一个小按钮。她不假思索地用爪子按下了它，窗户打开了，她跳到了地上。她说："哎呀，"几秒钟后，她说："你们都下来吧。很安全的。按那些小按钮。你的窗户会打开！"

格劳勒糟透了。他摇晃着穿梭，他的马具在飞行中被扭曲和缠结，拖着红车倒挂着。他自言自语地说："现在，看看这个。天哪！我怎么能把这个解开？我的车轮在哪里？"基莉忍住了笑声，因为这并不真的好笑。她迅速走过去帮助他矫正红车，按下了他的退出按钮，然后按下了自己的按钮，加入了梅奇在这个小绿洲——一个泥土的着陆带上。一旦他们降落，两艘勺穿梭飞船起飞了。小勺飞船紧密地适应在大勺飞船中，两者都迅速起飞，再次悬挂在他们的家港，即天空的北部。

小组花了一些时间适应新的地面，摆脱仍然在他们的手臂和腿上颤抖的寒战。他们惊讶地注视着周围令人震惊的景象。就在他们的前面，彩虹在地面上，如果可以这么说的话，用野生的颜色编织在一起，紫色、橙色和红色的云彩中交织，垫在明亮的绿色地平线的余光之上。火纹飞入天空，炫目的烟花在远处的黑暗区域中绽放，橙色、绿色、金色、红色、蓝色和紫色，带着轻微的噼啪声消失在地面的色块中。

朋友们一起惊讶地凝视着，三对眼睛张得大大的，充满兴奋，因为天空继续闪烁着彩色的火焰。基莉弯下腰去触摸这片地面，发现它在移动。彩虹的每一条带状实际上是一条颜色的河，横穿天空，最终消失在未知的目的地。基莉把仍然在颤抖的手伸进了其中几条彩虹，惊讶地发现它们沿着不同的方向移动。她找到了朝东流动的红色带，当她走开几英尺时，相同的红色带移动到了西边。"这真的很奇怪，梅奇和格劳勒。我从来没有听说过一条河可以同时朝两个方向流动。我知道这不是一条普通的河，但我想知道这是怎么可能的。还有，这些东西到底是什么？你们有什么想法吗？”

格劳勒第一个回答，他清了清嗓子，嗓音还沙哑，因为他之前尖叫得太大声。“看起来我们在所有彩虹的顶部。也许这些不同的带状物流向天空，形成了更接近地球的彩虹。”

“也许吧，”梅奇接话，“可能是因为彩虹有两个侧面，所以它们可以朝不同的方向移动。”她尽量表现得好像在他们的旅程中没有发生什么特别的事情。“但哪个方向有金罐呢？”

“很棒的理论，听起来对我来说很有道理，”基莉评论道。理论和有道理是公公用来描述别人的好主意的一些词，它们突然出现在她的脑海中，并从她的嘴里流露出来。完整的真相仍然隐藏不露。

实际上，他们站在彩虹河的顶部，所有彩虹的诞生地。传说说天空的顶部就在天堂下面，但没有守护天使悬在朋友们的影子上，指导他们或告诉他们该做什么；线索和决策仍然需要在他们自己的思想和头脑中找到。

“如果我们沿着金带前行，也许我们会最终到达金色彩虹，或者找出线索的含义，”基莉说。“唯一的问题是，要猜测罐子里的黄金会在哪个方向隐藏——东边还是西边。”她思考了一会。“让我们投票。谁认为金罐在东边？请举起你的爪子。”梅奇和格劳勒都举起了他们的爪子。“东边。两票是多数，我甚至不需要投票。现在，我们只需要找出如何穿越所有这些其他带状物，到达金色的那个。”她说。金带是距离三人最远的，看起来也是最宽的。整个小组仍然被从勺形物体上的旅程所粘住，担心他们的彩虹围巾在尝试飞越其他带状物时不能保持它们在空中，他们是正确的；他们都不能飞。基莉的思绪拒绝推动她，彩虹碎片也没有给他们任何的提升。整个飞行人员都被困在地面上，而且在未来很长的一段时间里都被困住了。

他们讨论了不同的可能性，包括其中一人游到金带上，然后用绳子把其他两人拉过去。但由于他们都不是很擅长游泳，他们放弃了这个想法。最后，他们决定使用红车作为一艘船，将所有人和物资都塞在里面，使用他们的手和爪子作为桨。基莉解开了格劳勒的马具，将红车放在最近的红带中。它立刻被红色的液体填满。"天哪！它不防水，"基莉说，用力拉动把手，把红车拉回到坚实的地面上。她取下了车厢里的所有设备，包括魔毯，并仔细瞧着里面的角落和公公的隔层。她发现那些古老的锈斑实际上是漏洞，至少有五六个地方导致了严重的泄漏。"好的，我们应该如何修补这些裂缝呢？嗯。"基莉瞥了一眼刚刚从车厢里拿出来的设备，发现了三包荧光紫色的泡泡殃。"我明白了。每个人拿几块黏糊糊的口香糖，开始咀嚼。我们可以用它来堵住所有的漏洞，我敢打赌它会非常好地粘在金属上。"

口香糖又硬又旧，几乎硬如石头；要咀嚼足够多才能变软而有粘性。不可能无声无息地咀嚼；那些发光的紫色块坚固地粘在他们的后牙和上颚上，几乎把他们的下巴固定在张开的位置。他们咀嚼得越久空气中弥漫的葡萄香味就越浓，所有人都喜欢。然而，在持续咀嚼后，基莉咽下了一些唾液，速度稍微太快，导致喉咙发痒，需要咳嗽。经过一阵挠痒，她吐出了满满两颊的空气，吹出了一个脸大小的泡泡。它在空中停留的时间不长，然后在她的刘海和眉毛上砰地炸开，覆盖住她的鼻子和脸颊。她和其他人一起咯咯笑着，同时将它从脸上拿下来，然后吐掉了胶团的其余部分，撕下一块来覆盖另一个洞。梅奇和格劳勒紧随她的步伐，但由于嚼口香糖弄得他们两个的爪子毛发沾满了口香糖，所以基莉不得不接管抹口香糖的步骤。更多的口香糖粘在他们的毛上，而不是粘在洞上。在基莉尽量从他们的爪子上除去尽可能多的口香糖之后，梅奇坐着舔了几分钟。格劳勒试图把它们擦干净，将它们浸入红带中，然后在地上擦拭。

"嘿，看，这些粘在我爪子上的泥土。它是红色的，但完全是红色的，"格劳勒尖叫道。他的声音不再嘶哑；现在几乎是正常的，深沉而嘶哑，喉咙只有轻微的疼痛。

基莉挖了一把泥土，用一只手的手指搓在一起。"哇，我觉得这就像公公在他的巨大沙漏里用的红沙一样。它有相同的闪闪发光，看起来也一样。我想我会留一些回家。"她收集了几把，撒在现在空的塑料午餐袋里。

基莉决定在重新装满红车之前检查一下泄漏情况。她小心翼翼地把刚刚涂了泡泡殃的货车放进红带里，紧盯着紫色的斑点，看看它们是否变成了红色。几分钟后，基莉宣布红车船可以搭载人——至少不会受到意外液体的影响。她将车厢从河里取出，然后所有人都重新装满了车厢，从魔毯开始，因为第一次尝试发射时还稍微潮湿。他们站了一会儿，凝视着新的红车船漂浮在红色液体中，并将积极的思想与话语交织在一起，传递给他们的朋友克莱娅。

"我们来了，克莱娅。撑住。我们爱你。"

第十五章

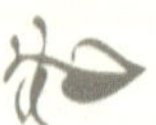

梦想之星

　　基莉首先爬上了红车船，移动到了储物空间前面。格劳勒跟着，移到了中间，梅奇则跳了进来，坐在船头。当公公还有钱的时候，曾经拥有一艘帆船。尽管基莉从未见过那艘船，但她学会了船尾叫做"aft"，船头叫做"bow"。他们不得不重新安排东西，以便一切都能紧密地容纳在内。就在这一瞬间，什么都没发生，然后红车船突然向左急转，慢慢加速，迅速地在红色丝带的中间向西前进。他们都没有注意到，随着行驶，红色丝带开始变得更宽。蓝色丝带变得越来越远。

　　"好了，全体成员，开始拼命划桨，"基莉指导道，她一只手浸入了车边一侧的液体，另一只手浸入了另一侧的液体。她双手同时迅速划动。格劳勒和梅奇也划桨，采用了与基莉相同的方式

　　他们的爪子溅起红色的水滴，当它们打击水面时。他们慢慢地向红丝带的另一侧划去。

　　"啊！"梅奇和格劳勒齐声尖叫，将他们的爪子猛地收回车内。"这些家伙到底是什么东西？"一些身披红毛，眼睛金黄，身上长满了尖尖的爪子状钩子的生物挂在他们的爪子上，来回挣扎，试图挣脱。

　　"奥加恰！斯恩达洛格温，热提查，热提查！"

基莉听到这些词，但不知道它们是什么意思。当它们不断以高亢尖叫的声音重复这些词时，她专心致志。他们的声音如同只有一个嘴巴，齐声说："奥加恰！斯恩达洛格温，热提查，热提查！奥加恰！斯恩达洛格温，热提查，热提查！"基莉的"预知感"突然打开，声音变成了她可以理解的话语。

"拜托放开我们。不要伤害我们。拜托，拜托！"这些生物尖叫着。基莉将未知的思维词汇解码成了英语，并立即传达给了梅奇和格劳勒。

经过从玛丽亚和克莱娅那里数月的思维训练，基莉已经习惯了从她周围的世界中获取未说出口的话语，无论是来自活生生的生物还是无生命的"事物"。基莉的思维与宇宙相连。有时，她的思维会将未知的语言或声音翻译成英语，她甚至没有意识到这种事情正在发生。声音的波动触发了自动理解，她会将这些话语同时传达给梅奇和格劳勒，不管他们是否需要。梅奇和格劳勒对大多数声音都有很好的理解但有时"怪物词汇"会混淆，尤其是在这对双胞胎感到害怕的时候。基莉不仅更多地信任她的感觉，包括预知感，而且用它们来寻找线索。她的能力和信心每天都在增强。

"请过来，格劳勒和梅奇，"基莉说。"让我试着把它们从你的毛发上拿下来。它们的钩子好像是不小心勾在你的毛发上的。"基莉努力几分钟，小心翼翼地将这些小生物解救出来，将它们小心地放在一块开阔的魔毯上。"你们到底是什么东西？"她问。

"我们是鲁格斯，红色火龙的守护者，雷霆的守护者，红丝带的看守者。立刻释放我们，"他们合唱着。

"红色火龙是什么？"基莉问。

"与紫色火龙、蓝色火龙、橙色火龙、绿色火龙以及巨大而凶猛的金火龙一样，"鲁格斯尖声说。

"嗯，我猜大概是这样，"梅奇嘀咕道，对鲁格斯所说的究竟是什么还感到困惑。

每个人都怀着极大的好奇心凝视着鲁格斯，不知道他们会说什么或做什么。以为他们的犹豫是拒绝满足他们的请求，鲁格斯高唱出一个提议："巴达泰！释放我们，我们将为你提供安全通行到黄丝带的承诺。

"在与这些生物打交道时，他们的红车船继续向西流动，速度越来越快。就在梅奇面前的正前方，一只火红的鳞甲手突然冲向天空，迸发成了一场在地平线上的燃烧的红色水晶阵雨。"哇，那真是太近了，"梅奇叹了口气。"那是你们说的红色火龙中的一个吗？"

"是的，每条河中都有火龙。它们有一种奇怪的幽默感，可能觉得把你们炸成碎片作为下一个火花的焦点很有趣。"

"其他河中也有鲁格斯吗？"格劳勒问。

"不，当然不是，"他们回答道。"鲁格斯只在红色河中，蓝色河中有Blogos，紫色河中有Pogos，绿色河中有G鲁格斯，橙色河中有Orgos，但我们都是守护者。"

"你们忘了在黄丝带河中发现了什么。那些生物叫什么名字？"基莉问。她尽快将他们奇怪的语言翻译成英语，尽管偶尔会错过一个单词。

"嗯，金火龙与我们不同，你会看到的，它们的守护者也不同。他们需要更多的力量来控制所有的能量，而且还有额外的职责。"

"他们叫什么名字？"基莉重复道。

"许愿者，"鲁格斯回答。他们说这个词时的尖叫声几乎像是尖叫。

"胡须？那是一个奇怪的名字，"梅奇咕哝着，一边想着自己的胡须。

"不，是许-愿-者。他们是宇宙中的愿望守护者和星星守护者。他们守护所有的愿望，并让坠落的星星不会死去。当你看到一颗星星坠落并许愿时，许愿者必须迅速采取行动，发送一只金火龙。他们是那些捕捉并将大多数坠星拉入黄丝带的生物，有时也会将其中一些扔进其他丝带。一旦被固定在流中它们的火永远不会熄灭。这是一项巨大的工作。每当有一颗彗星划过天空时，很多星星会被推到并坠落，没有任何警告。"

"但我不明白。他们用愿望做什么？你说他们保护愿望。婆婆告诉我，愿望是由坠星携带到需要听到愿望并能实现它的人那里的。但如果金火龙捕捉了星星和愿望，愿望怎么能实现呢？"基莉问。

"嗯，这是一个很好的问题，"他们回答道，"这是金火龙将不得不澄清的问题。我们只能讲述我们所知道的故事。"当基莉听他们的解释时，她继续自动将外来的思维声音翻译成英语，供梅奇和格劳勒使用。这一切都进行得如此顺畅，以至于除了偶尔在对话中弹出一些未知的单词之外，没有人会注意到它正在进行，直到基莉将它解码出来。

"很久以前，"鲁格斯开始说，"金火龙与一大群独角兽紧密合作，将所有的愿望、希望和梦想与星星一起捕获并释放给它们。独角兽的责任是将它们授予并交付给正确的愿望者。然后有一天，一只最大的金火龙失去了一个月的火焰——因为将坠星掉在彩虹河丝带之外而受到的惩罚。尽管这很可能是他自己的错，因为正常的运载量是一颗星，但他责怪独角兽分散了他的注意力。当他的火焰最终回来时，他的身体变得更大，脾气更急躁，能够喷射出更远距离的火焰，使他成为了最强大的火龙。所有人被迫听从他的命令。他命令较小的金火龙将愿望、希望和梦想丢弃，集中精力捕获星星并将它们抛到丝带中。从那天起，所有的金火龙都拒绝将愿望、希望和梦想交给独角兽，而是在捕获星星后将它们丢弃。尽管独角兽尽力道歉，尽管这不是他们的错，但金火龙拒绝听从。然后，超级金火龙命令其他火龙进行了更邪恶的事情。他们被命令捕获独角兽并将它们锁在彩虹下面的某个地方。我们鲁格斯必须非常小心，照顾红色火龙，按照金火龙的要求做事。如果我们不遵循他们的命令，金火龙的领袖威胁要涌入我们所有的丝带，偷走它们的颜色——使我们逐渐消失。我们不知道所有的历史，但我们最不想最终停留在彩虹下面被困住的地方——"塔加贡多斯."

过了一会儿，基莉认出了这个词，并在他们继续之前低声说出："无带."

鲁格斯扩展了他们的解释："彩虹河是所有彩虹的诞生地——彩虹中央，可以这么说——守护者的职责之一是确保每场雨后都出现一道彩虹。但有时没有彩虹出现，或者你只能看到两三种颜色的薄彩带，而不是五到七种颜色。这是因为火龙举行罢工，或者懒得发送彩虹，不愿意将彩虹洒向天空，所以我们得稍微推动他们，使天空布满明亮的颜色。有时，他们会将它们喷向天空，其他时候，他们会将彩虹挂在尾巴上，沿着天空拉动。它们总是在那些持续数小时的大雨后出现的。

绚丽的彩虹对于恢复天空的光线至关重要。现在时间有点晚了，我们必须赶回工作，以防我们的红色火龙意识到我们不见了。你同意我们的条件吗？如果我们为你提供通往黄丝带的安全通行，你会释放我们吗？"鲁格斯刺耳的尖叫声终于停了下来。

基莉瞥了一眼她的同伴，全队都点头表示同意，她代表他们所有人说话。"是的，我们同意。我们会在安全到达金丝带后释放你们。"

过了不到一会，鲁格斯开始行动，站在红车船的船头。他们一起举起毛茸茸的手臂，开始尽可能快地旋转，重复着以下的话："鲁格斯．鲁格斯．彩虹之弓．彩虹之弓．彩虹之弓．金带现身。"

在一道炽热的光芒中，从彩虹般的雾气中升起了一座多彩的桥梁。木板是坚实的东西，像是一堆积木拼图。首先是红色的阶梯，然后是蓝色、紫色、绿色和橙色。在最后的橙色阶梯上，木板侧立起来，看起来像是由实心金制成，长约六英尺，伸向这条彩虹之路的最远一侧。

基莉马上行动，她跳出了红车船，开始快速地拖着它穿过桥，梅奇、格劳勒和鲁格斯都坐在上面。当她在紫色木板的中间看了一眼液体，她猛烈地摇了摇头。在紫色液体中，她不是看到了自己的倒影，而是看到了一只紫色的独角兽。

"峒！"古老的语言首先触动了基莉的感官，然后独角兽继续以更正式的英语风格说话让她想起了西蒙。"帮帮我。他们把我困住了，我无法挣脱。请帮帮我。嘘，别让鲁格斯听到你。"基莉听懂了大部分独角兽的话，但没有把这些想法告诉其他人。他一遍又一遍地说着一个词："峒！峒！峒！"基莉以为他在谈论一个洞穴，但独角兽切换到英语，峒 这个词翻译成"小心！小心！小心！小心！"

　　压抑住她的震惊，基莉平静地问他如何帮助他。她弯下腰，以至于她的脸几乎沉入紫色的液体中，然后告诉其他人她正在看自己在紫色镜子中的倒影。"快点，鲁格斯变得怀疑之前，我只有很短的时间，"她说。"告诉我如何解救你。你是唯一一个被囚禁的吗，还是还有其他人？"

　　紫色独角兽的回答完全让基莉大吃一惊。"哦，不，是和不是，我们有很多人在这里，在彩虹的源头下面，我们中的大多数人都被金火龙看守在巨大的洞穴中。我设法从洞穴中逃出来，但被这紫色泥潭困住了。我正在用尽我的能量来防止自己被紫色彩虹的边缘吸走。这座桥是我的救命之道，但当鲁格斯移开它时，如果我现在不能出去，我将永远丧命。"

　　"但你看起来像是一个倒影，好像被光滑的玻璃层覆盖。我怎么能够抵达你？我怎么能救出你？"

　　"我只是看起来像是一个倒影。你有桶吗？如果有，你可以用桶把我捞出来，然后我会保持在这种液体状态，直到你把我倒在紫色的沙滩上。我需要紫色的颗粒来混合，以恢复真正的自己。一旦我恢复了本来的样子，我会沿着这座桥超越你然后在彩虹下面最大的洞穴里见你。"

　　"基莉，你为什么花这么长时间？"格劳勒尖叫，那紫色的东西有什么特别？。

　　"那紫色的东西其实挺有趣的，"基莉回答。"请把那个塑料沙桶递给我。我想带一些回去给克莱娅。我想她会喜欢在她的角上溅一些，想象紫色火龙会是什么样子。"

　　"那太容易了，"格劳勒用他深沉嘶哑的声音回答。"我正坐在那个桶上，所以我知道它在哪里。拿去吧，还是你想我给你拿过去？"

　　"不，不用麻烦了。我能够够够到它。非常感谢。"基莉拿起桶，背对着红车船的乘客，迅速将它浸入独角兽的倒影中间。她小心地收回了所有剩余的阴影。只需一眼就可以发现，角的尖端露了出来，所以她轻轻晃动液体，直到所有图像的痕迹消失。没有更多的话，基莉一只手握住桶，一只手握住红车船的把手，尽可能快地走到紫色木板的尽头。

在最后一段木板上，她停顿下来，向前凝视，俯瞰边缘。下面是一条薄薄的紫色沙洲，位于紫色液体和绿带的开头之间。"等一下，伙伴们，"她说。"我想收集一些这些紫色沙粒。它们真的很漂亮。" 她弯下腰，伸手取沙，小心地把桶放在微小的、像盐一样的闪光中。她假装抓住了一些沙子颗粒，然后小心翼翼地倾倒了沙桶，瞄准了沙滩的薄片，看着液体立刻消失在地面的光芒中。"哇！"基莉低声赞叹。

那是什么？"梅奇和格劳勒同时喊道。当他们看着时，一个优美的、扭曲的角温柔地伸出来，从闪闪发光的沙堆中伸出来。

沙粒旋转在他们面前，像是巨大的巨蟒一样蠕动，无声地扭曲、蠕动，来回、上下，每次转动都越来越大。狭长的丝带变得更宽、更长、更高，然后喷出一个巨大的紫色沙堆。梅奇和格劳勒恐惧地抱住基莉的腿，他们的眼睛追随着沙堆的路径。

与此同时，紫色沙滩活动也引起了鲁格斯的注意。在两眨眼的功夫里，雾气散去，在桥前站着一个壮观的生物——一只紫色独角兽。独角兽的独角几乎是克莱娅的两倍大，而且螺旋状的形状非常不寻常，带有金色、银色和彩虹色（粉色、黄色和绿色）的条纹。它的紫色皮毛闪烁着像阳光下捕捉到的冻结雪花一样，当它摇动头部时，闪烁的光点溅在它们的路径上。它的鬃毛和尾巴看起来就像是一串银色冰柱的瀑布。它们看起来就像是婆婆经常让基莉一个一个地放在圣诞树上的那种箔制品。而圣诞节之后，每根冰柱都会被小心地从树上取下，摊平在报纸上，包好，最后折叠一半，以免变得粘粘糊糊和起皱。有些冰柱已经多次被吊挂、折叠，然后再次悬挂，已经持续了比基莉岁数还要久。

"谢谢你，基莉，"紫色独角兽鞠躬说。"我欠你一命。不久之后，我们会在彩虹下再次见面。"

"你叫什么名字？你知道我的名字，但我没听到你的名字，"基莉说。

"哦，我的名字，我叫梦想之星。我倾听那些由流星传来的特殊愿望、希望和梦想，试图让它们成真。然而，我被许愿者抓住了，当彩虹西蒙听到我寻求帮助时，他也被困住了。我必须现在离开，以免许愿者听到我并再次来抓住我。不要忘记我们下次见面的地方。"他再次摇摆头部，尾巴上的冰柱掠过，梦想之星迅速消失在金丝带边缘的雾气中。

"哦，不！"鲁格斯异口同声尖叫。"许愿者会非常愤怒的！他是如何逃脱的？你帮了他吗，基莉？他是如何摆脱紫色丝带的流沙的？我认为没有人一旦被融化成'yuck'就能够逃脱。"

基莉的回答简单明了，没有任何遗憾之情。"是的，我帮助了他，如果再来一次，我会毫不犹豫地再次帮助他。"这是格劳姆曾经在做出自己为之感到自豪的决定时常常说的话。

"耶罗伽马！如果你想生存下来，我建议我们赶快穿越这座桥，"鲁格斯紧张地尖叫，尽可能大声地说。"如果许愿者听说了逃脱以及你是帮凶，他们肯定会试图捉住你们所有人，并惩罚我们。我们不想与其他人一起被囚禁在洞穴里。耶罗伽马！我们走吧。"

基莉第一次没有听清这个词，但第二次听懂了——"赶快"。

基莉抓住红车船的把手，拼命地拉着它，她疾步跑过绿色的木板，跳过绿色和橙色木板之间的小间隙，倾听着身后车轮的嘎吱声。她甚至没有瞥一眼绿色液体，只是停顿了一会，偷窥橙色带。她被吓得几乎像被闪电击中，那种让你的心停止跳动直到你能够呼吸的恐惧。在桥的这一侧，有一排巨大的橙色火龙，而在基莉的身后，有一群绿色火龙，正在拼命地努力打破这个连接。火龙的背部波涛汹涌，看起来像是被桥几乎无法承受的有色火蛇。它开始发出刺耳的声响，链接开始崩溃，一阵隆隆声从身后追了上来。

基莉再也没有停下来看什么东西，而是以自己不知道自己拥有的速度跑过了橙色的木板，拖着红车船。梅奇、格劳勒和两只鲁格斯几乎从红车船上弹了出来，随着她从身后的噪音中逃离。一旦他们到达金丝带，其余的闪闪发光的木板开始融化，随着每一步，她绿色的牛仔靴越陷越深在那堆粘糊糊的东西里，而红车船的车轮几乎完全被黏稠物覆盖。

"我叫梦想之星"

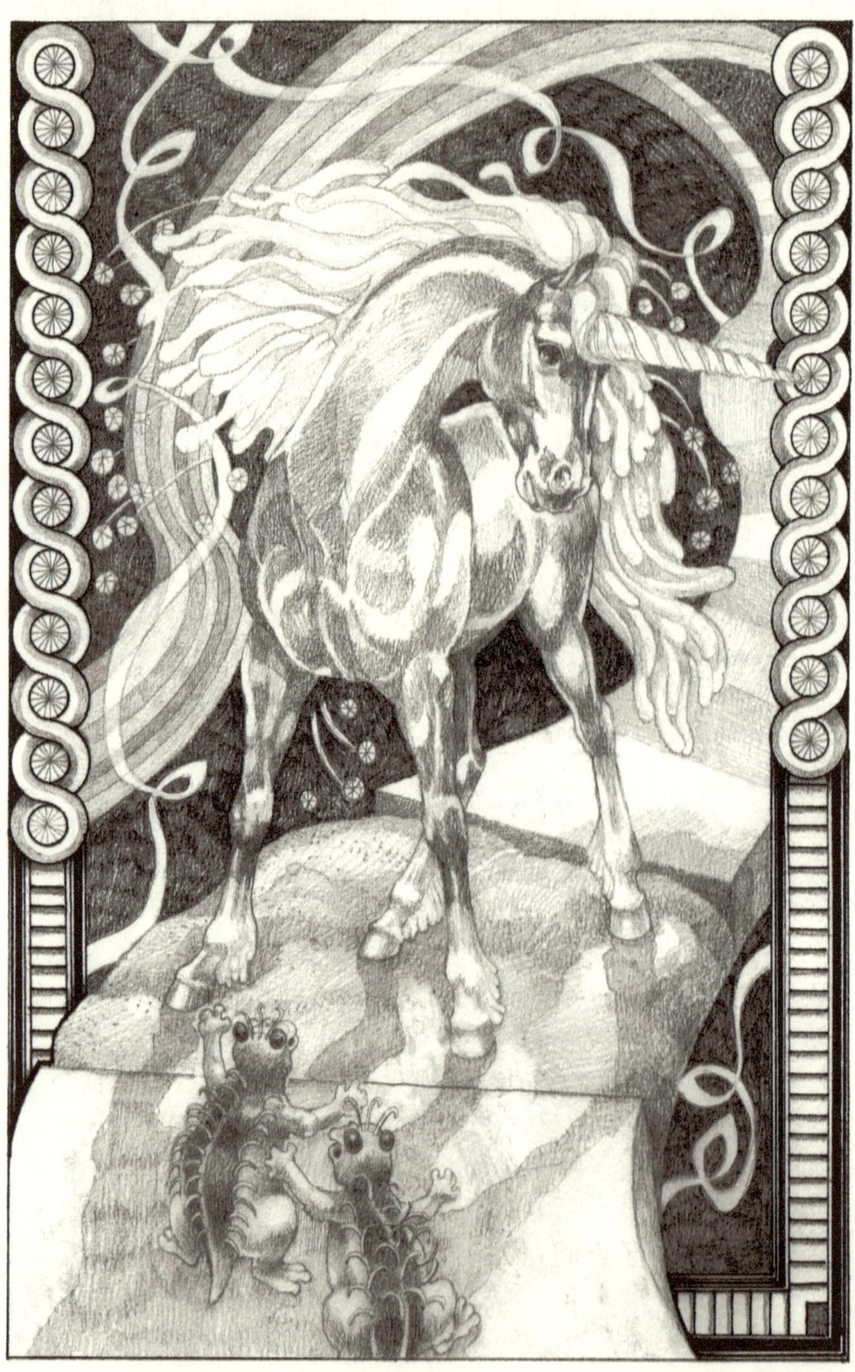

"只差一点。拜托，再多一点点，"基莉哀求道。

在那一刻，两只鲁格斯跳出了红车船；一个走到前面和基莉一起拉，另一个走到后面，开始拼命地推。黏稠的金液体不情愿地释放了红车船，他们以最后的几英尺的速度冲过金丝带闪亮的木板在他们跑过之后开始融化。当他们的脚和爪子触及明亮的黄沙的那一刻，整座桥从液态火焰中消失，红色火龙、蓝色火龙、紫色火龙、绿色火龙和橙色火龙同时升入天空。鲁格斯迅速地从红车船上抓起魔毯，遮住了每个人的头。辉煌的龙鳞雨四周落下——紫色、红色、橙色、绿色、蓝色，还有一些金色的，弹在黄沙和魔毯上。滋滋的烧焦声和烧毛的气味与周围的超现实的光秀相互交织。敲击声持续了好像有几个小时，但实际上只有几分钟。

"噢，这真是太险了，对我们来说太险了。但诺言就是诺言，"鲁格斯说道。"好吧，我们安全地把你们送到这里了。现在我们必须返回守卫红色火龙。我们认为它们都有点发狂，需要一段时间才能使它们冷静下来。此外，我们不想在你们遇到许愿者时陪在旁边。你们真的不想与他们纠缠，尤其是当他们与金火龙一起进攻时。他们比我们大得多，非常强大。不过，你们有魔毯。五十多年来没有见到过了。上次是在一个从未再次出现的年轻人与它们战斗平手的时候。魔毯非常强大，它的全力是未知的。用它对付他们，保护自己。"没有更多的交谈，他们背对着彼此；再次一起旋转他们的毛茸茸的胳膊；一起说了几句未知的、含混不清的话；在红车船旁边静静地站着。他们看着鲁格斯滑过火焰的丝带顶部，就在达到红色液体边缘时，它们沉入液体之下——它们的家。

第十六章

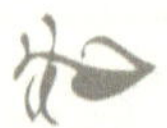

魔毯

　　基莉松了口气，与梅奇和格劳勒一起松了口气，安静下来，然后说道："那真是一次令人兴奋的冒险。你们还好吗？"

　　"应该把把，但我的牙齿还在颤抖。我不确定我是因为寒冷还是害怕所以口吃，"梅奇颤抖着说。

　　"我也是。看看魔毯，"格劳勒说。"有几个地方，龙鳞差点烧穿。但看看中心——那里有一堆龙鳞，不再着火，卡在魔毯上刻成的内圈上，就像它们被卡在蜘蛛网中一样。嗯，你知道吗？整个魔毯看起来像蜘蛛网。看看这些圈是如何相互连接的，每一个比前一个小，背景中有一种非常精细的线状屏幕，以防止龙鳞烧穿。我想它是用来捕捉什么的。这太不可思议了，基莉。它是从哪里来的？"格劳勒用嘶哑的咳嗽清了清嗓子。

　　"这是一个有趣的问题，"基莉回答说。"我是在阁楼上发现的，是我公公的旧箱子里。我一直以为它是我公公年轻时在沙特阿拉伯的冒险中找到的，那是在他甚至没有娶我的婆婆之前。但你知道啊—看看我收集的红沙。它越来越像是我家里的大沙漏里面的东西。它在非常微弱的光线下闪烁，就像我们现在有的那样。他一再告诉我，它来自沙特阿拉伯失落沙漠中的红沙。但每当他谈到它时，他的眼中总是闪烁着一种光芒，他说再也没有人会找到相同的沙子，因为它位于天空和世界边缘之外的地方。由于沙特阿拉伯在地球的另一边，与阿巴拉契亚相对，我只是认为他是这么说的。但现在我有所怀疑，特别是因为这块魔毯有特殊的力量——它救了我们免受火龙的伤害，而且谁知道它真正来自何处，以及它将来如何帮助我们？感谢上帝鲁格斯知道它是什么以及如何使用它。"

"你说得对，基莉，"梅奇咕噜咕噜地说。"也许去掉卡在魔毯上的龙鳞是个好主意。你永远不知道它们是否会派上用场。我喜欢它们闪烁的样子。它们几乎像挥动的柳树那样漂亮。" 就梅奇而言，一丛柳树丛就是狗尾巴蒲草的下一个最好的东西。

"好主意。"格劳勒伸手向前，试图挖出嵌在魔毯上的鳞片。 "嗯，小心。这些东西比剃刀还锋利。不要碰它们的边缘。"

几分钟后，小组设法取回了被困住的鳞片。 "我们把它们放在哪里？"基莉说。"酷爱罐怎么样？首先，让我们喝完全部。我认为罐子是保存这些龙鳞的完美地方。"在吞下樱桃味液体的最后几滴之后，他们将鳞片一一放入罐子中，并紧紧拧上盖子。然后他们小心翼翼地放在他们可靠的红战车里。

之后，他们抬头看着彼此打哈欠。"我筋疲力尽了，"他们异口同声地想。

"在我们开始沿着金带的尽头旅行之前，让我们找个地方休息，"基莉说。"看起来可能有一个舒服的地方可以在黄沙的边缘休息。走吧。"

基莉带领小组来到边缘，发现一片银色云层，位于彩虹区域之外。周围有一些看起来像蘑菇的东西。然而，基莉弯下身仔细检查这些真菌的形状，发现它们是蘑菇形状的花朵。在微弱的光线下，真菌绽放着自己的火焰，缓慢地跳动，就像在呼吸一样。基莉开始摘一个，但决定不这样做，而是抚摸它。 "哦，它们摸起来又软又光滑，几乎像羽毛一样，"她说。当她继续抚摸这朵小花时，它在她手下膨胀，露出了一层层的花瓣。跪在银色垫子上，她把脸埋在花朵里，深深地呼吸，就像婆婆教她做的那样。基莉的眼睛轻轻闭上，她被各种香味所淹没——绕着龙眼的花瓣，然后是檀香的花瓣，接着是栀子花，最中间是最精致的花瓣——小小的茉莉花白珍珠。她的微笑，她的鼻子和她的耳朵都沐浴在芬芳中，就像婆婆教她的那样。基莉再次睁开眼睛。她听到了一个轻快的、低语的声音，就像告诉她寻找对克莱娅的治疗，找到彩虹黄金。这一次，它引导她采摘这些花朵，并将它们带在他们的旅途中。

尽管她无法辨认头脑中的声音，但基莉知道她需要相信它。我敢打赌它和婆婆一直在谈论的那个预知天赋有关，基莉思考。有时声音听起来就像婆婆，有时听起来像低语的彩虹，有时候它说一种她只能感觉到的神秘方言；她无法辨认出单个词语。在那些时刻，基莉闭上眼睛，感受信息，并知道该怎么做。她使用了玛丽亚教给她的相同技巧，以解开拼写单词、迷宫或复杂分数的困惑。它也适用于未知的信息，以及与鲁格斯一起发现的动物或怪物的声音。更重要的是，它让她平静了恐惧。

"我会的，"基莉喘息着说。她慢慢地收集了三个仍然是蘑菇的样本，把一个放在了目前不需要红车船的红车中。她将其他两个暂时塞在后口袋里，这样她可以享受这股气味。

基莉不再怀疑其他人听不到的消息，她的信心每天都在增强。她意识到她的预知感负责一些额外的小提示，让她采取对她已经想要做但不太信任自己能够完成的事情采取行动。每当基莉瞬间怀疑或恐惧干扰决策时，婆婆的声音在她脑海中回响："没事的。你能做到的。相信它。"基莉首先压制了她的恐惧，然后在梅奇和格劳勒的可怕时刻帮助了他们。

他们在夜晚安顿下来，银色的云朵成了一个非常柔软的枕头可以在上面睡觉和做梦。一旦他们的巢已经准备好了，基莉决定把魔毯拉到他们的身上，以防止冷气像雾一样弥漫在整个彩虹地区。将角落塞得紧紧的，以便他们的身体的每一寸都被覆盖，他们挤在一起，基莉在中间，格劳勒和梅奇分别在两侧。"别担心，小组。我们会没事的。今晚没有什么好担心的，"基莉鼓励说。这些话不仅是为了她自己，也是为了他们。

他们很快入睡，闭上眼睛的瞬间就入睡了。他们的梦里充满了安抚的摇篮曲和与克莱娅飞翔和嬉笑的回忆，混合着短暂的噩梦快照。冰雹的怪兽面孔，吞星的旋风，吞雷的风在他们上面咆哮，下着火焰的泪水。

他们对周围的恐惧一无所知。当他们在许愿者和金火龙的袭击波中安稳地入睡时，龙网抓捕器保护着他们。日出时，太阳的微笑蒸发了雾气，彩虹般的丝带闪烁着不同的节奏，橙色和蓝色的条纹太阳在地平线上垂垂，光线从龙网上的破旧处穿过，导致昏昏欲睡的头脑醒来。

一起打哈欠，基莉伸出双臂，梅奇和格劳勒都挺直了背，尾巴高高扬起，僵硬地走了几步，直到他们的身体再次属于醒着的世界。"天哪，我想那是我很久以来睡得最香的一晚。我感觉如此放松，奇怪地快乐，"基莉评论道。

"我也是"格劳勒也同意. 他的低沉嗓音在早晨的寂静中回响。"但我不介意弄点食物出来，我饿了。"

队伍走到了红车旁边，他们第一次注意到了魔毯，自从他们在起床时把它推开以来。魔毯完全被金龙鳞片覆盖，牢牢地卡在魔毯的网中。一些地方已经完全磨损，光线可以透过来。

"太奇怪了，"基莉说。"昨晚我什么声音都没听到。你们俩醒了吗？从这里的鳞片数量看，攻击一定很猛烈。多亏了我们的龙网，谢天谢地。"

"我也什么声音都没听到，"格劳勒回答。"但我想了想，要是想象一下，就会感到毛骨悚然。太不可思议了。我们把这些鳞片也收集起来，加入到酷爱罐里吧。"

他们小心翼翼地将金龙鳞片从魔毯的网中分离出来，然后将它们放进了其他鳞片的酷爱罐中。"这些鳞片看起来对你们来说，比绿色、红色、紫色、蓝色或橙色的要大、重，而且更锋利吗？"基莉问道。"有点吓人，但不仅我们都没事，而且感觉还很棒。"

在将酷爱罐小心翼翼地放回红车之后，基莉拿出了一些金枪鱼给梅奇，骨头给格劳勒，自己吃了一个花生酱三明治。"是时候吃饭了。我有一个关于如何找到饮用水的主意，因为我们的酷爱喝完了。"

　　基莉走到银云的边缘，抓住一大块云，轻轻地搬回红车。"请递给我几个容器，" 她说。 "让我们看看这个是否有用。"

　　梅奇扛着一个杯子和两个茶碟，平衡地放在她的头上。"给你们。" 她把它们放在地上，基莉轻轻地挤压了云，云开始慢慢下雨，用来装在茶碟和杯子里，从最高的天空中收集来的最清新的水。她把剩下的云块摆在了红车周围，把它们团成了一个圈，然后拿出了几块龙鳞片的酷爱罐，小心地放在了上面。

　　现在，肚子饱了，口渴也解了，救援队准备去彩虹下面的洞穴里寻找梦幻愿望。暂时避开了金丝带，他们朝东走，沿着狭窄的黄沙带尽可能快地前进。酷爱罐里装满了龙鳞片，红车碰撞时发出嘈杂的声音，基莉拉着把手。梅奇和格劳勒分别站在破旧的车边，尾巴竖立，耳朵竖着。婆婆经常告诉基莉，要确保她的耳朵竖着，当她希望基莉特别留意重要的事情时。四只耳朵都竖起来，没有下垂，警惕地倾听着每一个声音——绝对是竖立的。几分钟后，他们走到了彩虹区域的边缘，俯瞰着一个像悬崖一样的、五光十色的瀑布，看着彩带流入天空的无尽黑洞。

　　"嗯，我们到底要怎么下去呢？"基莉说。 "飞行不行——还不知道为什么。我不想试着坐在红车船上越过边缘，尤其是因为我们正处在许愿者和金火龙的领地。如果我们跳进流中，我不确定我们能否停下来并从丝带中出来，或者等待着捉住我们的是什么生物在洪流中。我们必须走在彩虹下面，查看洞穴但我不知道入口在哪里，或者是什么样子。它可能在这个斜坡的中间，也可能在底部，或者其他地方。你们两个有什么主意吗？"基莉问。

　　"嗯，"格劳勒说，" 看起来丝带的边缘附近有一些沙子，有点闪闪发光，就像结冰或被覆盖了一样。距离那里只有几英寸，丝带流动得非常快。没有足够的空间拉红车沿着狭窄的地带，但也许我们可以用绳子把它降下来，然后试着爬下来，不会掉进丝带里。我不确定我们能不能做到，因为斜坡很陡，边缘很窄——我们可能会开始滑动并滑进液体中，或者更糟糕的是滑进黑洞里。没有什么可以抓住的东西——没有石头，也没有岩石。太糟糕了，我们还不能飞。如果我们有攀岩用具，我们可以用一些金属钉子去攀爬冰墙。"

"哦，我知道你在说什么，"基莉说。"那些是岩钉。我们在学校读过海蒂，我的老师的哥哥是一位登山和攀岩家，他过来给我们展示了他的装备。之后，岩钉成了我学的一个拼写单词。你应该将它们敲进岩石或冰中，然后通过一种眼孔穿过绳子，这样你就可以在缆绳上上下滑动。我们有绳子和一把小锤，但我们可以用什么来代替钉子呢？"

救援队员们看着红车，默默地集中精力解决眼前的问题，把思维集中在了龙鳞片的酷爱罐上。"这些足够锋利，也足够坚固，可以用作钉子，但它们没有孔，"基莉说。"我想不出怎么将绳子系上。嗯，也许我们不必系绳子。如果我们能让鳞片足够深地穿透冰，我们可以制作阶梯。一旦我完成了第一步，我可以伸手下去敲下一个，下一步，再插入第三个，依此类推，直到我们到达底部。金龙鳞片足够大，足够我站在上面，尽管紫色和红色的不行。你们觉得怎么样？"

"好的，"格劳勒说，"这是值得一试的。如果我们用绳子把红车降下来，我可以坐在车的后面，试着在下去的时候敲入一些这些龙鳞片。我的牙齿相当强壮，如果鳞片锋利，也许我可以把它们敲得足够深。然后你可以和梅奇一起沿着楼梯下去。"

"是的，我会站在你们的肩膀上，"梅奇说。

"听起来不错。我们来试试吧，"基莉说。"我们需要先测试一下金鳞片，看看这个方法是否行得通，看看鳞片是否足够坚固。我不想在中途卡住，然后拉不回来。我会伸手到边缘，敲入第一片龙鳞片。然后我会把绳子绑在自己身上，你们和梅奇可以抓住绳子，还有红车，来锚定我。我会站在鳞片上，跳上跳下，看它是否牢固。如果它不牢固，那么绳子会把我抓住，然后你们可以把我拉上来。我会把格劳勒放回他的背带里，梅奇可以坐在红车的后面，希望这样足够平衡。我不想掉下去，把你们两个都拖入黑暗中。如果我们有一颗树或者其他什么可以绕绳的东西就好了。可惜威尔不在这里。离唇口不远的地方没有什么可以用来锚定绳子。"

基莉用她磨损的绿色牛仔靴的脚尖在金色的泥地上挖了起来。风再次轻轻吹拂着她，对她说："在沙地里种一朵花，浇灌它，看着它生长。"基莉毫不犹豫地按照指示去做。

她喊道："嘿，伙伴们。有个方法。我需要那些我摘的花之一。我们要种它。"梅奇用嘴从红车上拿起花，然后将它带给了基莉。格劳勒已经开始在金丝带边缘几英尺的地方挖了一个足够深的洞。他只用了几分钟就完成了。梅奇把花吐在地上，然后他们都一起铲起土，把它埋了起来。基莉轻轻地踩在土地上，然后拿过剩下的银云块，轻轻地拧出水，洒在新鲜覆盖的地方。当他们看着时，云开始洒水，一开始只有几滴，然后是一股洪流，将埋葬的花周围的土地淋湿。水流向了金丝带。"我觉得水足够了。让我们看看会发生什么。我感觉就像杰克等待着一株鹰嘴豆茎长大，"基莉说着，然后把那块潮湿的云块放回了红车。

甚至在她说话的同时，有东西开始从泥土中伸出来；它坚硬而白，上面有带金色斑点的螺旋纹路——似曾相识，但又陌生。"啊，"伙伴们一起倒抽一口冷气，他们认出了站在他们面前的东西，伸向沙子，扭曲过基莉的腰部，那就是一只独角兽的角，他们的锚。"

第十七章

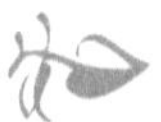

彩虹下的战斗

　　迅速地将绳子绑在底部两个瘤上，基莉花了一会儿时间来抚摸着角的棱线，直到尖端，低声咕哝着。她说："好起来，克莱娅。我们爱你。我们来了，"她还更加轻声细语地说："我能做到的。我知道我能。我能做到。我必须做到。"

　　在把绳子固定在角上之后，她在自己身上做了一个环，就像斯邦海默夫人的兄弟在课堂上向他们展示的那样，使用了特殊的救生圈结。这是她老师说她永远也掌握不了的，因为它太复杂了，是达雷尔.福斯特在把她的自行车绑在学校的旗杆前，让两个轮胎都放气之前，双重打结的结。那次她用了三天的时间才把自行车解开，回到家后，轮胎仍然是扁的，直到她叔叔最近的访问。

　　"我准备好了，伙伴们，"基莉说。她戴上了唐叔叔的旧皮手套，一只手握住锤子，另一只手握着一块大金龙鳞片。她说："幸好我带了这双手套。它们会保护我免受鳞片和其他任何我碰到的东西的伤害。"基莉深吸了几口气，然后用她的十秒思想技巧来消除恐惧。"我能做到这一点，"她自言自语，不让同伴听见。

　　首先，她趴在地上，把头和手伸到悬崖边缘，然后，基莉尽可能地伸出手，小心翼翼地将金龙鳞片固定在狭窄的冻结地面上，然后用尽全力用一只手敲打它。龙鳞似乎知道该怎么做，它轻松地穿透了冰冻的地面，保持在那里，看起来像是一个合适的台阶。基莉试图将其来回移动，看看是否可以将其松动，但鳞片就像是山上永远不会变动的一个凸起。

"好吧。现在是时候测试它是否能承受我的重量。如果它断裂，我们的新锚将承托绳子，而梅奇和格劳勒将不会有任何危险。我只需将自己拉回到边缘。"当她缓慢地将自己放在台阶上时，基莉微笑着说："好的，到目前为止一切都很好。现在可以练习一下跳跃了。"她跳了一次，两次，第三次，用尽全力跳，而龙鳞台阶却坚不可摧，甚至在重压下也没有摇动。基莉开始单脚跳跃，然后换另一只脚跳跃。"哦，太好了！这很有效，"她说。"这将会很棒。让我们开始吧。"

"格劳勒，"她说，"请跳进红车里，然后我将开始把你降下去。不要尝试咬碎鳞片以尝试敲打它们。如果你只是让它们开始，我可以在踩在它们之前用锤子敲打它们。也许我们会花更长的时间，但这种方式对每个人来说应该都是最好的。如果最终这些台阶足够宽，可以让我跪在上面，我可以跪下来，伸手过去，然后敲打它们。"

基莉将绳子的一端固定在红车上，将另一端紧紧缠绕在独角兽的角上。"尽量每隔一英尺放一个台阶；我们有足够的龙鳞可用，这样我就不必弯下腰很远才能敲打它们进冻结的地壳。"说完，她开始降低格劳勒和红车到崖下，停在第一个台阶下约一英尺的地方。"轮到你了，格劳勒。去吧。"

格劳勒小心翼翼地用嘴抓住了一块龙鳞片，站了起来，歪着头，将他的下巴对准了目标。

啪！

糟糕，格劳勒的思想中透露出一个失误的念头，他忘记松手了。仍然紧咬着龙鳞片，他的嘴唇卷着嘲笑，格劳勒发现自己挂在最新的台阶上。最后，他松开了牙齿，松开了下颚，然后砰地掉进了红车里。"如果我要说的话，这不算太糟糕，"他说。"看起来相当不错，基莉。那块鳞片就像切黄油一样切入了冰面，并且似乎牢固地固定在那里。你可能根本不需要把它们敲得太深。继续降下去吧，我已经准备好了下一步。"

　　基莉和梅奇从悬崖边上观察，继续将红车和格劳勒每一步降下来。每次，他们都等待了"啪"的声音，然后再放出绳子。大约下了五个台阶后，基莉和梅奇再也看不到格劳勒或红车了。他们都完全消失在不断变浓的深灰色威胁的迷雾中。迷雾突然从无处而来，充满了某种黑色和橙色液体的神秘生命。但是基莉和梅奇没有意识到危险。

　　穿透冰冻地面的龙鳞的"啪"声是他们唯一的线索，表明格劳勒仍在取得进展。不时，基莉检查以确保独角兽的角牢牢地锚在沙子上——它是的。当绳子缠绕在角上时，角几乎在第一时间开始发光，随着工作的进行，它持续闪耀。好像在它的核心里有一支永不闪烁的火焰在颤动。到了第二十九步，绳子突然急速晃动。格劳勒连续发送了一连串的思绪。

　　嘿，基莉和梅奇，这里有一个大的岩架。我甚至不需要再做更多的台阶了。这至少有三英尺宽，然后—嗯，有一些隐藏在岩架后面的东西。如果我推开一些这种紫色苔藓般的发出死鱼和腐烂卷心菜味道的东西——呃，我讨厌这股恶臭。我的嗅觉可能被毁了一整天。哦，狼狼——哎呀。滑在一些黏液唾液上，正朝着一看起来像是通往巨大洞穴的入口，那个洞穴在金丝带瀑布的后面，从彩虹河下面通向。也许这就是通往彩虹下面的路。我要—？这个问题悬而未决。

　　他甚至没有完成这个思想就被基莉和梅奇一起送出了他们的思想：不要离开我们。我们马上下去。等我们。

　　"走吧，梅奇，"基莉说。"我们最好赶紧；我绝对不希望格劳勒独自漫游并迷路。请跳到我的肩膀上，好吗？我会拿锤子。"他们都没有注意到那沉重的雾气弥漫在每一级台阶上，被吸收，被排干，并被那一串鳞片的阶梯夺去了邪恶的负担。梅奇和基莉开始攀爬下去现在看起来非常像一条真正的活龙的背部。基莉在每一个鳞片上停下来，弯下身，然后在继续前进之前把下一个鳞片牢牢敲打在那里，不冒任何风险。梅奇坐在基莉的肩膀上，但当她开始锤击时，她移动到基莉的背上，然后在准备尝试下一步时回到她的肩膀上。在其中一个坐在基莉的背上的时刻，梅奇向后看了一眼，看着他们刚刚走过的台阶。尽管雾气已经减小，但仍然浓密，让人不可能看到五级台阶之外的地方。梅奇首先察觉到了它；她的脖子后部的毛发竖起来，一股恐惧的嘶嘶声从她的髭毛中溜出。一道明亮的光波，从顶边附近的某个地方突破了雾气，慢慢地向他们移动，就像一条寻找猎物的蛇。

"嗯，呃，基莉，最好赶紧。有什么该死的东西要来找我们了。而且看起来不咋地。稍微等一下——这将变得可怕。"

"哎呀，"基莉说，凝视着那条可怕的楼梯，她的眼睛充满了恐惧，因为她看到雾气仍在喂养每一级，就像母虎哺育幼仔一样，观察着鳞片的转变，变成了某种生物。"你说得对。我简直不敢相信，但看起来我们可能正在创造有史以来最大的金火龙，而且它正在随着我们种下的每一块鳞片而成长。雾气正在喂养这些鳞片。它正在支撑这个生物，让它复活。无论它是什么，它很快就会到达我们这里。我不知道头在哪里，我也不想知道。我们只打算从一块鳞片跳到下一块，不再敲打了。希望它们能承受我们的重量。" 带着最后这个想法，基莉抱起梅奇，灵巧地跳下剩下的鳞片着陆在格劳勒发现的架子上。红车还在那，但格劳勒不见了。然而，在边缘附近，他们发现了他的爪印，通向那带有刺鼻、黏糊糊苔藓的幕帘，延伸到金丝带瀑布的后面，通向洞穴的隐藏入口，并继续沿着一条小路。"我们告诉他待在这里等我们，那家伙，"基莉说。"跳进红车，梅奇，我会把它拉着，我们去找格劳勒。"基莉把那双大手套脱掉，扔进车厢后，这样她可以更好地抓住车把。

"那追着我们的那个龙怎么办？"梅奇又问。"一旦它来了，它会不会攻击我们，除非我们做些什么？我打赌它随时都会到来。"

"你说得对，"基莉说。"我们该怎么做才能让它放弃追踪我们？如果它真的是一只金火龙，我们有很多可以担心的事情。还有许愿者呢？他们在哪里？他们是金火龙的守护者，可能离得不远。如果他们抓住我们，金火龙将成为我们最小的担忧，我们可能会被锁在某个深坑里。"

首先，计划通过她的预知感在她的脑海中滑动，冒出来并成形，然后在一连串快速的方向指示中喋喋不休地传达出来。"我知道该怎么办，"她开始说。 "要不要我们把我们的龙捕手魔毯挂在这个地方的入口上？我觉得它足够大，可以覆盖整个开口，也许这可以阻止它们找到我们，或者至少推迟战斗。" 她继续说："梅奇，找找魔毯角上有没有破洞。我们可以将这些孔挂在任何小的、尖尖的、像钉子一样的石头上！" 他们花了几分钟来执行这些指令。梅奇发现了四个角上的裂口，然后找到了尖尖、细长的石头，可以用来挂钩。基莉用力拍打魔毯，它牢牢地固定在那里。 他们刚刚完成的时候，一个涟漪般的火焰猛烈地撞击在魔毯上，以致基莉和梅奇以为整个魔毯都被撕成碎片。

　　"它起作用了！它阻止了金火龙！"基莉和梅奇一起喊道。但他们说得太早了。 金火龙撤退，准备集结力量。迄今为止隐藏起来的许愿者正忙着将自己恶心的形状压制在龙的曲线上，为最后的战斗装备。 他们深吸了口气，将气息喷到鳞片上，用多臂、钩子和畸形的身体在熔融的蠕动上工作，用它们封住了他们与之一起守护的命运。 片刻之后，正在接近的金火龙准备结束它开始的袭击。 不过，它将所有的盘绕在一起，将尾巴的一端浸入金丝带中，吸收了千星的能量，汲取了那些已经掉落并被彩虹河捕获和储存的闪光。 尾巴从丝带的液体中蛇一般伸了出来，现在那块破碎的魔毯的另一边是火球的光辉和强度在愤怒中燃烧。 这是金火龙的头；它的嘴、眼睛和鳞片上的沸腾火焰卷曲，从远处烧毁了魔毯。 它的鳞片上滴下了一滴滴的黏液，同时呼吸着。 一阵隆隆的声音开始了，起初是在远处，就像远方星球上的地震声，越来越近，越来越近。剧烈的尖叫声愈发增强，火球头不断脉动，大小倍增，乃至三倍 吞噬了彩虹的星光。龙的身躯闪烁，所有肌肉绷紧，抬起头，准备攻击。

　　基莉感应到妖兽逼近的思绪，颤抖不已，将这些想法保留在自己内心，以保护伙伴："我们要来找你，基莉·塔克。我们知道你是谁，我们将毁掉你和你的梦想。"

　　没有停顿，梅奇和基莉加速前往他们的藏身之处，拖着红车跟着他们。 恐惧和危险激发了他们的脚和爪子，

金火龙扬起头颅准备进攻

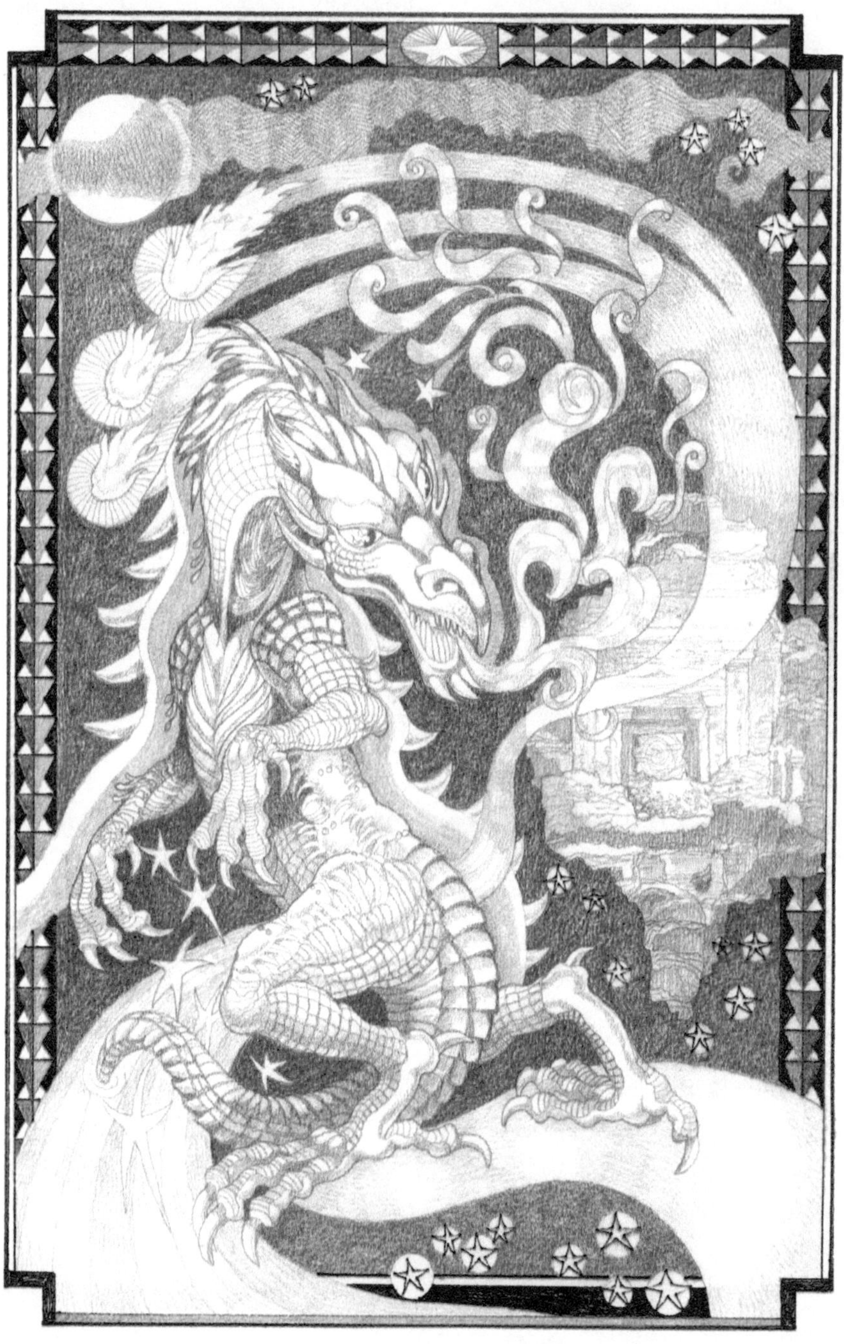

迫在眉睫的厄运刺痛了他们的颈部，一种奇怪的寂静笼罩前方。两颗头脑只专注于面前，而不是身后。如果他们回头看他们的逃跑起点，他们将会被困住，被恐惧冻结，就像闪电暴风雪中的冷汗或午夜恐怖梦醒。龙捕手魔毯正在变化，散发出力量并辐射出危险。在一瞬间，它重新编织，不留下网中的任何空隙——所有的柔软都消失了。新的线条是一种外星金属，一种护甲。它不再只是护盾，它是等待猎物的猎人。这是一个陷阱。陷阱已经设置好。

嘣-嘣-嘣！冲击的力量产生的震荡波深入洞穴，回荡着毁灭的声音，随后是微风的声音，挂在轻声细语上。在那个轻声细语中，天空微微变化；天堂的手指伸下，第一次触摸，让彩虹之天空微微泛红。龙捕手魔毯不仅阻止了金火龙的进入，而且它的力量如此爆炸性，以至于它将龙的头颅和盘绕的身体粉碎，将碎片弹回黑暗的天空，并创造了成千上万颗新星来点缀宇宙。

如果仔细看，可以看到龙的背部形状，长出了扭曲的Wishker手臂，现在躺在猎户座的旁边。新星的其余部分集结在三角形簇状尾巴上，并照亮了月球的远侧。

第十八章

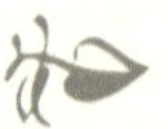

困住

　　梅奇和基莉听到了地震爆炸声，但声音被减弱了，因为他们现在深入了洞穴。爆炸声持续震动着墙壁，几秒钟之后，基莉和梅奇停下来，回头看了一眼。梅奇说："哇，我不知道你是怎么样的，基莉，但是我再也感觉不到那只龙的气息了。"她松了口气，与基莉齐声松了口气。然而，格劳勒仍然没有出现，基莉很担心。

　　他们继续走，步伐慢了很多，更关心格劳勒的下落，而不是火龙的事。洞穴的两侧逐渐变成了明亮的绿色，点缀着紫黄色斑点。基莉伸手触摸了一个斑点；那是一种从墙内渗出的浓稠粘性物质。她迅速抽回手，但手上的印记仍然保留在黏液中。基莉小心翼翼地嗅了嗅她的紫黄色手指；它们有着和蘑菇花相同的混合气味。"梅奇，闻闻这个。"

　　梅奇弯下腰，把鼻子塞进了基莉的手上。一滩粘糊糊的物质在她的鼻子上留下了紫色和黄色的斑点。梅奇立刻开始舔掉它。"哇，天啊！这东西尝起来像什么。确切地说，我不太记得了，但它很美味，好吃。这是什么？我的嗅觉之前在哪里嗅到过这个？"

　　基莉迟疑地吸了一两根手指，以便能够弄清楚梅奇在说什么。她兴奋地说道："我知道这是什么！这是彩虹蜜，西蒙用奶瓶喂给克莱娅的。当你舔掉溅出来的配方时，你也尝到了。这一定是他找到的地方。记得吗？他说他在彩虹的腹部附近捡到了它。好吧，这就是彩虹下面，所以那一定是他所说的，这些斑点充满了紫色和黄色的蜜。也许我们应该收集一些。我不知道它是否能帮助克莱娅，但既然我们在这里，我们也可以多收一些。我们可以把它放在桶里。"她伸手进红车，拿起桶和铲子，然后走到紫黄斑点的地方。她一只手拿着桶，另一只手把铲子伸进黏糊糊的物质中，尽量快地填满桶。当桶差不多装满的时候，她停下来，把它放在红车旁边，旁边还有一个装着一些剩下的龙鳞的酷爱罐。

就在她这样做的时候，梅奇和基莉同时把头歪向了一个微弱的哀嚎声的方向。它沉闷、缓慢且低沉，就像有人正在受到严重的痛苦。"格劳勒。是格劳勒！"梅奇和基莉一起哀号。"你在哪里？我们会找到你的。"他们俩急忙朝哀鸣声的方向冲去。

当他们沿着小路飞奔时，一股冷风吹在基莉的脸颊上，使她的脖子起鸡皮疙瘩，发出警告。她说："慢下来，梅奇，小心点，要小心。"基莉在关键时刻抓住了梅奇脖子后面的毛。就在他们面前，小路中央是一个巨大的洞。洞壁闪烁着一种类似于她爷爷收藏的矿石晶体的东西——紫色、蓝色、绿色和玫瑰色，有点像恐龙鸡下的煤块，直到你把它们劈开，发现它们隐藏的万花筒宝石。如果他们没有在这一刻停下来，他们俩可能已经被黑暗吞噬。

基莉叹了口气说："哎呀，那可真是差一点。谢天谢地我们在恰当的时候停下来了。"

两人站在那里，片刻之间都不发一言，只是听着彼此急促地呼吸，简单地感到庆幸自己还活着。在那一瞬间，他们注意到那种呻吟声更响了，来自洞穴深处的雷鸣坑。

"格劳勒，是你吗？我们来了，你能听见我们吗？"

答案虽然微弱，但很明显。"基莉？梅奇？"格劳勒喘着气。"我掉进了这个裂缝里，落在一种从墙上突出的平顶上。我不敢动。我可能会掉下去。我不知道它通往何处，甚至不确定是否有底部。我也不想弄清楚。我从爪子到尾巴都在发抖，无法控制颤抖。我很害怕。而且，我全身都疼，但不知道有没有断骨。我很高兴你们来了。拜托帮帮我。感觉就像我在这里待了很久。”

他继续说："刚才，我还在小路上走着，突然一阵隆隆声和轻微的轰鸣震惊了我的耳朵，使我头昏目眩，甚至耳朵失去了听觉，直到耳朵重新恢复了。我被吸进了断层的中间！幸运的是，有东西可以着陆，但我不认为它很大。在我下面，我看到星星在四处飞驰，还有许多闪闪发光的金色和白色火光，就像世界又重新开始了一样。我不知道发生了什么，但一定是一些惊人的事情。"

基莉试图隐藏住自己的担忧思想，安慰格劳勒说："你说得对，这是令人难以置信的事情。我们以后会解释的。现在我们需要想办法让你回到小路上。我不认为我们还有绳子。它都留在洞口，我们逃之夭夭，根本来不及想着拿回来。不过我们还有一些龙鳞，但我不认为我想冒险释放另一只火龙，尤其是在上次之后。"

基莉在红车里找了一会儿，找到了还装着卷起来的彩虹的枕套。她说："嗯，不知道这些彩虹在彩虹下是否管用。我们以前没法飞行，不太清楚为什么。可能是因为所有那些被点燃的火龙产生了静电充电，但我真希望我们现在能用它们。如果彩虹足够坚固，可以让格劳勒漂浮到我们这里。你觉得怎么样，梅奇？"

"这个主意不错，基莉。如果格劳勒把一小段彩虹插在他的围巾别针上，以确保它不会解开，可能会更好一点。"

"听起来不错。格劳勒，你听见梅奇了吗？当彩虹到达你那里时，把它缠绕在身上，然后在你的围巾别针上插入一些。你觉得你能自己做到吗？"

"是的，我能做到，"格劳勒吠道。他的声音听起来更加低沉和响亮，自从他们听到那些轻声的啜泣声以来，他第一次听起来像他自己。

基莉和梅奇从枕套里取出彩虹，缓慢地将它展开到裂缝中，试图不要让它卡在边缘闪烁着黑暗的晶体上。最终它到达了格劳勒，他抓住了一端，紧紧地缠绕在自己的身体周围，穿过他的围巾别针插入一大块。"好了，伙伴们，我准备飘起来了，"他吠道，向上和远离墙上的凸起部分推去。

有一瞬间什么都没有发生。格劳勒在虚空中摇摆，既不上升也不下降。然后，一股轻柔的气息掠过基莉的耳边，滑入黑暗中，轻轻吹拂着裹着彩虹的格劳勒。他开始缓慢上升，成了一个蜡制的彩虹；风演奏着一曲令人陶醉、几乎熟悉的旋律，裹在晶莹的晶体壳上，直到达到顶部。彩虹仍然不太好用，基莉和梅奇轻轻地拉了一下剩下的部分，把他拉了出来。

两人伸出手和爪子，抓住彩虹，将它拉到他们的怀抱中，保护在安全之中。他们轻轻地拥抱着格劳勒，以免加重他的伤势，然后将他小心翼翼地放在地上。基莉迅速卷起彩虹，塞进枕套中，以备以后使用，然后跪下来检查格劳勒的伤口。

基莉看到了令她震惊的东西。格劳勒的毛在几个地方都浸透了血液，他看起来非常虚弱，几乎抬不起头来。他已经用尽了最后的能量将自己包裹在彩虹中，现在安静地躺在那里，呼吸急促，轻声呜咽。基莉摸了摸他的腿，因为他能动四条腿，所以她决定他没有骨折。然而，他失血严重，伤口不断渗出血液，让他失去了生命。基莉想到失去他的想法，她情绪非常不稳定，不知道该怎么办。眼泪在她脸颊上无节制地流淌，她的心充满了悲伤。她感到沮丧。

梅奇第一个恢复过来，并提出了一个解决办法。"基莉，别放弃，怎么样用彩虹的蜜涂在伤口上？它肯定足够粘，可以止血，也可能有助于治愈格劳勒。克莱娅很喜欢它，而且对他来说肯定不会有害。我要去拿桶。"她快速地走向红车并拿了回来。

基莉冻结了她的恐惧，将它们推到一边；她的决心再次掌控了她。"非常感谢你，梅奇。我不会放弃；这是时候振作起来了，正如婆婆以前在我气馁的时候告诉我的。我们能行。"

基莉和梅奇都涂抹了蜜，小心翼翼地将格劳勒抬起，以便能够到达划痕处。梅奇将更多的蜜直接舔到每一刀口中，而基莉则把一把蜜放进格劳勒的嘴里，告诉他咽下每一滴。

地图：彩虹上下

猎户座
天堂的底部
小熊座和大熊座的穿梭
西蒙
瘀伤的云
梦境洞穴
小彩虹
金圆筒
闪电
冰球
柳
婆婆的花园
黑眼睛苏珊花

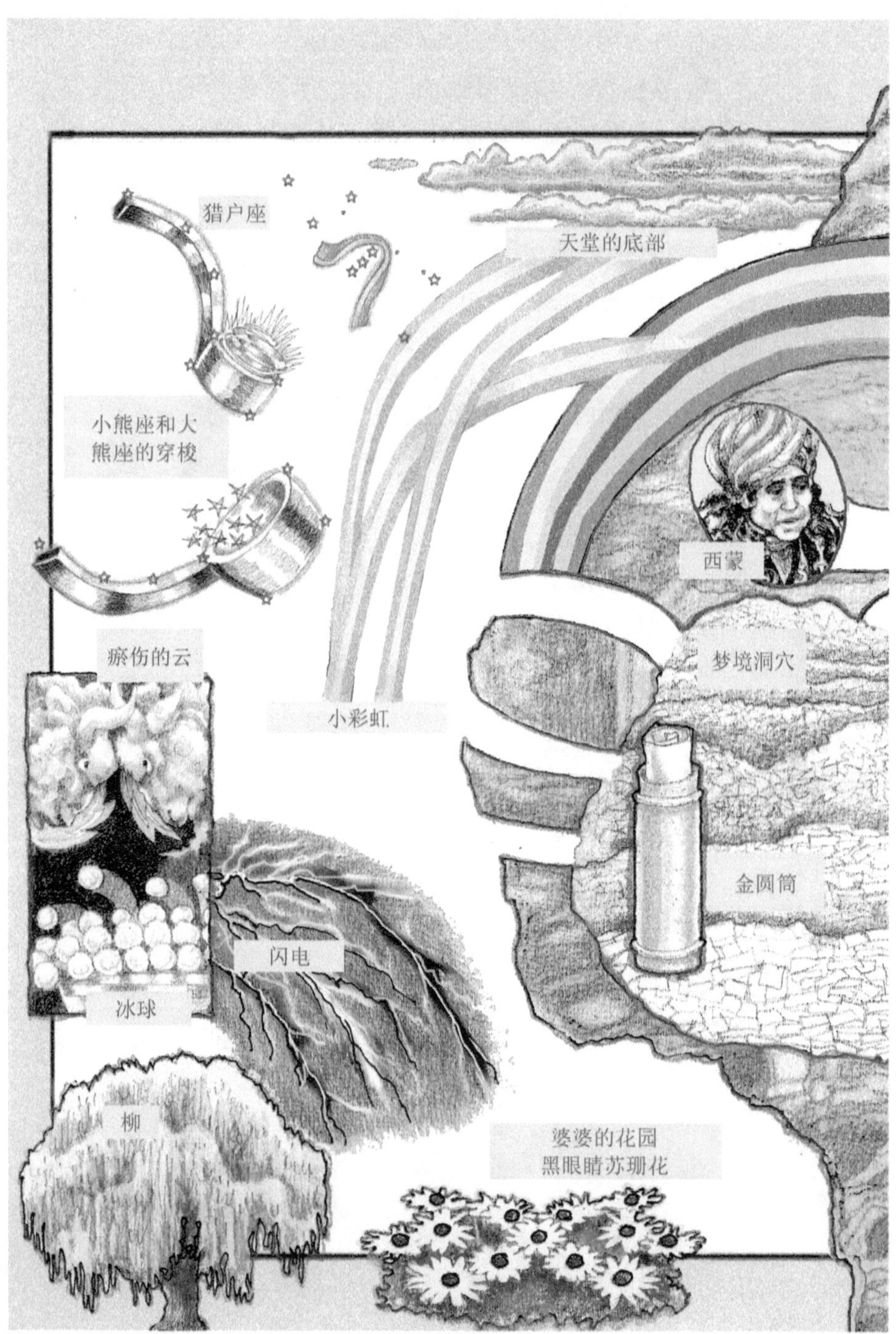

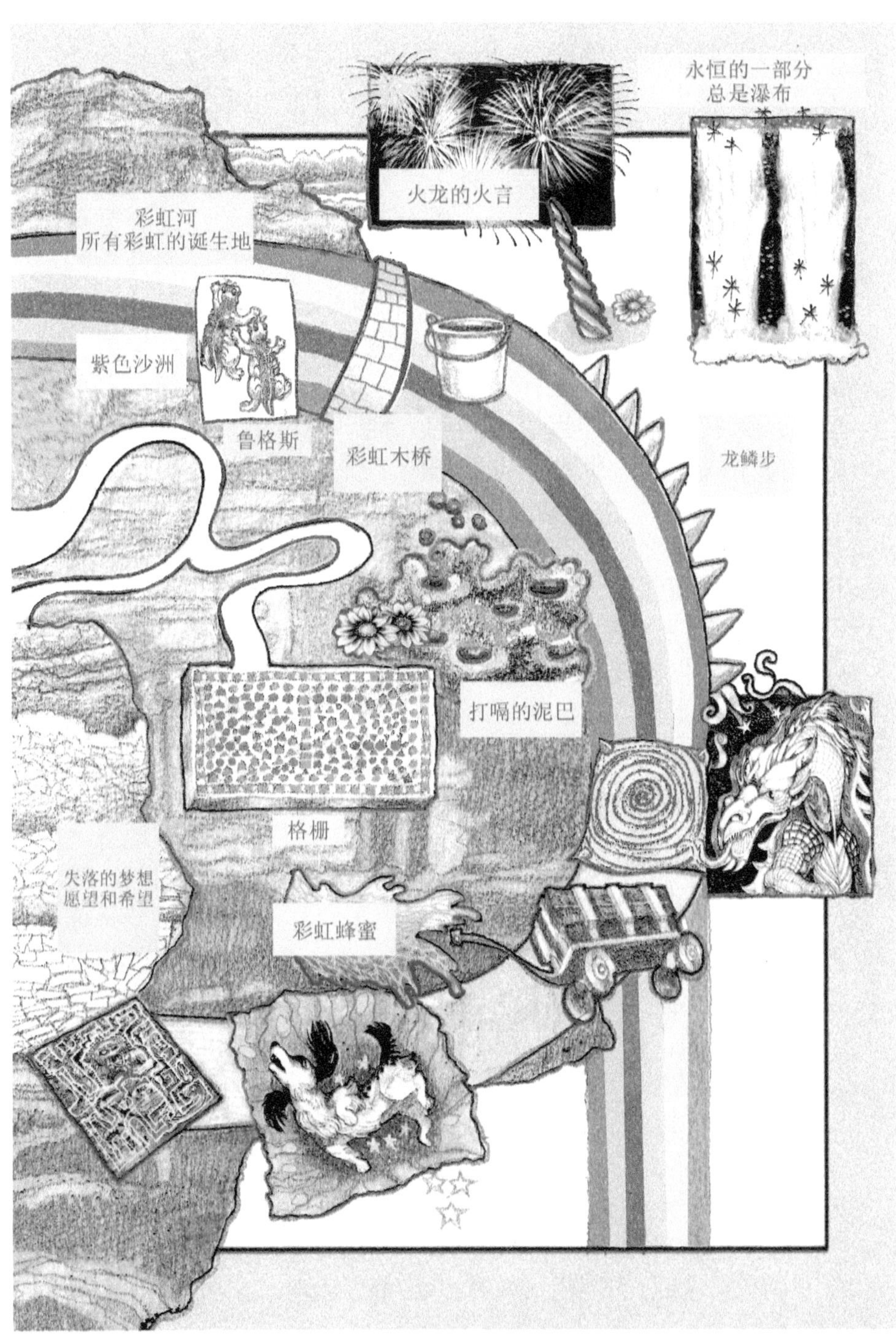
永恒的一部分
总是瀑布
火龙的火言
彩虹河
所有彩虹的诞生地
紫色沙洲
鲁格斯
彩虹木桥
龙鳞步
打嗝的泥巴
格栅
失落的梦想
愿望和希望
彩虹蜂蜜

蜜块粘在格劳勒嘴周围的胡须上，也粘在梅奇的胡须上。基莉的双手仍然沾满了紫金色，因为她把它们按在牛仔裤上，印上了她的生命线和命运线——就像年度学校嘉年华上的老吉普赛女人总是试图从手上的波纹中读出未来，要花一两美元，发誓能预测未来。她的左手印在了牛仔左腿的大腿上，而右手几乎粘在了后口袋上，那些线条在洞穴的黄昏中继续闪烁。空气是如此宁静，以至于三颗心脏的跳动声是可以听见的，而基莉几乎合拢的嘴唇开始哼唱着抚慰格劳勒的摇篮曲，而梅奇则继续在旋律中发出呼噜声。"格劳勒，要好好，要好好，要好好。"而随着这些柔和的话语，他就真的好起来了。当格劳勒挣扎着站起来时，一股叹息撞击着墙壁，从天花板弹回，流过破碎的大地，向星星之海传播。寂静，除了跳动的心脏声，再次充满了整个空间。

"汪汪汪，"格劳勒喊道。"我想那是一次相当危险的经历。非常感谢你们，基莉和梅奇。你们救了我的命。我不知道该怎么感谢你们。这真是个奇迹。"

"天啊，亲爱的，这没什么，"梅奇呼噜着说。"我敢打赌，你们如果情况相反，也会为我们做同样的事情。对吧，基莉？"

"当然。我们非常高兴你没事。你确定你真的感觉好吗？"基莉问。

"我感觉很好。事实上，"格劳勒说，"我比掉进地缝之前疼痛得少。这个彩虹蜜里面一定有什么不同寻常的东西。我们最好收集更多，以备将来可能用得到。嘿，你认为这就是你的线索说的东西吗——彩虹金，或者金彩虹？可能是吧，你知道啦。也许这就是治愈克莱娅的方法？你觉得呢，基莉？"

"有可能，格劳勒。我不确定这是否就是我们需要的一切。让我们收集一桶，然后继续前进。我迫不及待想知道那只紫色独角兽在说什么，以及在回家之前看看如何帮助释放所有被困住的人。我相当确定治愈克莱娅不仅仅需要这个彩虹金。"基莉评论道。她说得没错。

小组继续前进。基莉拉着红车，格劳勒走在左边，梅奇走在右边，它们的尾巴和耳朵再次竖立起来，决心面对前方的一切。"

第十九章

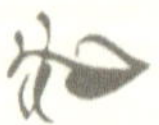

独角兽营救

　　当他们走着时，他们开始唱一些基莉多年前学会的歌曲。基莉哼着旋律，然后唱出歌词，而梅奇和格劳勒则在第二次或第三次合唱中加入。

　　这位老人，他弹奏一曲。他在我的拇指上弹来弹去——他们都伸出拇指，或者将拇指位于它们前爪的位置。

　　合唱声音越来越响亮：

> 敲一下，敲一下，
> 　给狗一块骨头。
> 这位老人回家了。

　　第二节：
　　这位老人，他弹奏两曲。他在我的鞋上弹来弹去——他们停下来齐刷刷地在地上敲击他们的脚。

> 敲一下，敲一下，
> 　给狗一块骨头。
> 这位老人回家了

第三节：

这位老人，他弹奏三曲。他在我的膝盖上弹来弹去——三只它们再次弯腰，敲击它们的膝盖，或者应该在哪里有膝盖，因为小路突然向左转弯。.

敲一下，敲一下，
给一

在他们抬起头并几乎与他们相遇的时候，剩下的话卡在了他们的喉咙里。

直接挡在他们面前的，是一扇巨大的门，阻挡了整个小道的宽度。它似乎是用石头制成的，覆盖着古老的雕刻和刻痕。小组开始仔细检查被刻画的图纹，寻找解锁它的线索。表面上没有看到门把手或普通的门闩。除了切割在岩石上的复杂线条外，表面完全光滑。

从他们身后的某个地方传来一个响亮的声音，"你们终于到了。我开始担心金火龙已经抓住了你们。我们必须立刻开始行动，来——你们怎么说？"声音停顿了片刻，以寻找需要的词汇。"啊是的，我相信，那个词就是拯救，拯救那些仍然被困住的生命。"

这是一位自豪而坚强的梦想之星，站在那里不耐烦地摇着头，他明亮的紫色外套在内部的火焰营造出一种照亮昏暗通道的光辉。他的角触碰石头，整个表面亮起生动起来。雕刻呼吸着，随着它们的运动而改变形状；圆圈连接到拱门，线条彼此交叠，形成三角形和复杂的迷宫。它们看起来像基莉从未能在数学课上解开的复杂多层版本的迷宫，你从一端开始，在不触碰死胡同通道的情况下，穿越不同的路径，到达出口。玛丽亚和基莉一起研究了几周的迷宫，成功解开了线条，将倒序排列的单词倒转，直到她的思绪清晰。这些标记蛇行而过，脉动着一种未知的节奏，向小组提出解开门的谜题。

"嘿，梦想之星，"基莉说。"仔细看。我想我知道如何找到通往迷宫出口的路。也许在谜题的结尾，我们会找到一个隐形的门把手？" 她对其他人说，"你们每个人都开始寻找一个起点。不能是锋利的边缘。必须有一个入口点。"

　　每个人都开始检查表面；梦想之星负责顶部边缘，格劳勒负责底部，基莉负责左侧，梅奇负责右侧。他们决定迷宫可能从一侧开始，而不是从中间开始，所以他们首先查看了边缘。四人都实际上把鼻子贴在石头上，开始寻找通向圆圈并通向解决方案的单一线条。有一些虚假的起点；在走了几英尺后发现了死胡同。线条的一簇纷乱并互相交织，融入了岩石中，拒绝透露它们的秘密。

　　不要感到沮丧。有解决方案，我们将一起找到它，基莉鼓励着他们的想法。他们起初默不作声，专注于自己的任务。然后，基莉开始哼唱着一段奇怪的旋律，一直在她脑海中回响。很快，他们四个人一起低声哼唱这个旋律同时寻找关键。每个人都专注于自己的痕迹，不注意其他人，所以当他们的鼻子在中间碰到时，每个人都跟随着来自不同边缘的线条，一直走到了同一点，一时之间充满了欢笑。再过一秒，他们意识到他们的路径已经导致了同一点——正好在门的中央。把头拿开后，他们看到了在路径重叠的地方的中央盒子里的奇怪物体。它是一种几乎被记住的东西，就像阵影在你脸上挠痒一样——你意识到它，但碰不到它。

　　首先做出反应的是梅奇，她用她那带有南方口音说道，"嘿，亲爱的，看看那个图案。我知道这是什么。看看基莉屁股上的手印。把它横过来，你就得到了设计。"

　　他们都转过身来盯着手印，上面仍然有彩虹蜜的痕迹，并把头歪向一边进行比较。

　　"我简直不敢相信，但你说得对。的确，看起来很匹配，"梦想之星以他的正式声音说。

　　格劳勒看到了手印比基莉清楚，补充说，"试试看，基莉。看看你的手是否能打开这扇门。看起来我们找到了隐形的门把手！"

　　"好的，来吧。"基莉小心翼翼地把她的右手横过来，将手指与石头上的图案对齐，并紧紧按在上面。石头感觉很冷，就像当她把脸颊按在冻结的窗户玻璃上时一样，然后一阵刺痛感让她的手震动，然后是她的手臂，然后是她的整个身体。门正在打开。"我感觉就像阿拉丁，"基莉在门在他们面前摇摆着打开时轻声说道。"芝麻开门。"

这是梦想之洞，那里储存着所有被金火龙偷走的愿望、希望和梦想。洞里充满了随着流星坠落而降落的愿望——来自孤独的孩子，来自仍然相信魔法的成年人，来自世界各地的人们，他们希望有一个更好的地方，希望和平，富有，再次康复，快乐，被爱。在一个角落里有一堆灰尘飘荡的愿望，都是寄给圣诞老人的。这些来自贫穷的孩子，那些没有邮票的孩子，试图通过流星而不是邮局，将他们的请求送到北极圈。破碎的梦想和希望聚集在另一个角落，几乎被埋在碎石中。一个梦想是开一家马场，另一个是环游世界，还有一个是创建一辆可以与骑手交谈的自行车。失落的希望堆是最令人沮丧的，它包含了那些信仰被粉碎，仍然希望再次相信、信任的人。

休息在破碎梦想堆的顶部，有一个纤细的，布满灰尘的金圆筒，上面刻有神秘的不可读的符号，里面塞着一卷红色的羊皮纸。只有红色的一角露出来。基莉被一个微妙的沙沙声吸引到这里；当她走近时，沙沙声在洞里回响。

"嘟嘟，嘟嘟，旋转的杯子。奏响的乐声。" 拾起我。拾起我。除去尘土。听我的话。基莉停住了脚步，意识到只有她听到并理解了圆筒的声音。

"等一下，伙伴们，" 她说。"有一些奇怪的事情正在发生，我必须在我们探索洞穴的其余部分之前检查一下。"

基莉继续走到破碎梦想的堆前，小心翼翼地拾起那个开口的圆筒，轻轻吹去几层奇怪的尘土。一张红色的羊皮纸掉在她脚下，并展开。"奏响的乐声！奏响的乐声！"

"嗯，多么奇怪。看起来这一定是为我准备的。" 困惑的基莉弯下腰，自己读着纸条。这不通顺，所以她把它大声念给所有人听，希望有人能理解线索的含义。

用你的思维去寻找
永远的一部分 -

山谷

在等待你 –

蓝色的池塘

承载着（模糊的词）

泪水融化石头（模糊的词）

你一定知道

无论你做什么，

无论你去哪里

答案在那里（模糊的词）

最后一行是模糊的，完全无法解读。

"好的，这明显是一个线索，一种谜语。现在不确定它的意思，尤其是最后一行消失了。大家一边继续，一边思考这个，"基莉建议道。她把纸条放在手推车上，以便以后检查，然后开始离开梦想的堆。

在巨大的大厅之后，有四条单独的通道深入到洞穴内部。基莉弯下腰，将双手合在一起，尽可能大声地喊道，"喂！有人在那里吗？" 唯一的回应是她的话回响回来，"哈咯！谁呀？" 她在下两个通道前用相同的程序重复了一遍，得到了相同的回答。在第四个通道的开始，她再次用双手合在一起，尽力地大声喊道，"嘿，如果有人在那里，请叫我的名字，基莉！"

"基莉！基莉！基莉，救救我们。"室内的墙壁回荡着呼喊声。"基莉！基莉！帮帮我们。"

"好的，伙伴们！这就是了，让我们走吧！"基莉喊道。

梦想之星冲在前面，引领着前进，而基莉、格劳勒和梅奇则跟在后面。在前进了大约五十英尺的地方，通道分成了两条分叉路，四个人停下来倾听声音，以确定应该选择哪一条。令人惊讶的是，压抑的声音似乎来自两个方向。梦想之星选择了左侧的分叉，其他人则选择了右侧的。"让我们约定在这个地方会合，找出有多少人被困在里面后再说，"梦想之星建议道，以他那有些生硬的语气，走向了左侧的通道。

"好的！"基莉大声喊道。

当他们来到通道的尽头时，他们发现中央铺满鹅卵石的小径中间有一个生锈的金属格栅。格栅下面的深坑中传来一片声音，充满了求救的呼声。所有这些声音都混在一起，鸟儿的鸣叫声、溪流的潺潺声、弦乐、木管乐器、法国号和小号的声音充斥着救援者的耳朵。

格栅类似于基莉在家附近的一些街道上见过的下水道盖，但足够大可以容纳"杰克和豆茎"中的巨人。各种形状的通气孔——方形、圆形、三角形、八角形、梯形——每个通气孔都有拳头大小，贯穿了顶部。在边缘，变成绿色，带有一些带有红棕色锈斑的斑点，挂着一种几乎能辨认出的花哨的拼图锁。

小组俯身或弯腰，仔细检查这个没有把手的怪异盖子，往里面张望，看看是谁在呼救。但坑太深、太黑，他们什么都看不见。就在这时，格劳勒想起了放在红车上的大手电筒，急忙拿了出来。由于他的牙齿在错误的时候松开，手电筒从他的手中滑落，撞击在金属上，翻到了开关，因为它通过一个拳头大小的梯形滑动而发出嘈杂的声音，撞击到了里面的某个物体或某个人。"哎呀，好疼！打到了我的头！"有人叫道。随着手电筒的碰撞声，光线的碎片揭示了黑暗。

基莉捧着双手，用来聚光，她的目光被一幕震撼人心的景象所吸引。无论她看到哪里，都闪烁着独角兽的碎片——这里是后背，那里是腿，边缘是头，一抹鬃毛的闪光，角的一折。坑中满是各种颜色、大小和年龄的独角兽，角的种类多种多样。有的是扭曲的，有的是笔直的，有的是小的，有的是长的，有的是凹凸不平的，有的是光滑的。就像彩虹的外衣，这种组合让人眼花缭乱——薰衣草色、紫色、黄色、亮粉红色、黄绿色。有一只独角兽身上有从青绿色到皇家蓝色再到粉色的各种蓝色，甚至在尾巴和鬃毛上也有这些颜色。

"哦，你们都如此引人注目，"基莉说。"我简直不敢相信自己的眼睛。看着他们！我们必须立刻把他们救出来。"

格劳勒问独角兽们："你们怎么了？你们是怎么被困住的？"

一个较大的独角兽开始解释说："这都是那些可怕的金火龙的所作所为。"他用正式的语言说，语序有些不太对。"他们在每颗流星上等着我们。他们捉住了那些坠落的星星——愿望、希望、梦想，还有我们——都被困在这些巨大的网中！他们把所有的愿望扔到了我们不知道的地方。但我们没有能力首先实现和传达其中的任何一个。然后他们把我们赶进了这个可怕的黑暗之地。'这里'就是'我们一直居住的地方'，充满了对救援的希望和愿望。感谢上方的苍穹，你们来了，救了我们。"

另一只独角兽解释说，最初，它们曾与金火龙和愿望儿们并肩工作，那是很久以前的一段已经被遗忘的时光。龙将坠落的星星上捉住的希望、梦想和愿望都交给了独角兽来实现和分发，而龙则将垂死星星的火焰投入了彩虹河的带中。没有人能记得为什么这种做法发生了改变，或者究竟是在什么时候金火龙和愿望儿们变成了独角兽的敌人。

"我们不知道梦想之星发生了什么事。他是唯一一个从这里逃出来的人。我们为他担心，怕他已经死了。他呼救，然后在他成功挣脱后不久，一个身穿巨大紫色头巾和五颜六色条纹披风的巨人前来营救。但金火龙们也抓住了他，我们不知道他的命运。这些金火龙毫不留情。他们邪恶，只想伤害我们，我们不知道原因。"

"你说什么？一个身穿五色斑斓披风的巨人？他叫西蒙吗？"基莉、梅奇和格劳勒几乎同时问道。

"我想西蒙是他自己叫的。但我们没有多少时间来讨论我们的困境，"蓝色漩涡般的独角兽说。"金火龙用一个巨大的网困住了他，然后将他拖走，远离我们。他们用尾巴狠狠地打在他头巾的顶部，之后他什么都没说。他甚至没有用沉默的话语和我们交流。他似乎太受打击了，没有反抗。我想他们把他丢进了他自己的深深黑暗的井里，就在这个洞穴的另一个地方。但自从那以后，我们既没有听到他的声音，也没有感到他的存在，无论他是否还活着我们都不知道。"

"好的，这解释了一切，"基莉对同伴们说。"我开始担心西蒙了，因为我们很长时间没有听到他的消息了。我以为他会听到我们的恐惧，然后回家。现在至少我知道为什么他没有来。希望他一切安好。也许是他微弱的声音传来自另一个隧道，也就是梦想之星正在探索的隧道。哦，是的，我差点忘了告诉大家，"她转向独角兽们说，"梦想之星没事。我们找到了他的倒影，他被困在紫色的彩虹丝带上，我们帮助他挣脱了。他告诉我们，金火龙囚禁了大多数希望、梦想和愿望的捕手，但我们从未想到有这么多的捕手。很快我们就会听到他的消息，等他弄清楚了另一个隧道的尽头是什么。现在，让我们集中精力将你们都解救出来。你们中有没有人知道如何解开盖住井口的这个格栅？"基莉问道。

"嗯，"有一只角上有皱纹的独角兽说，看起来像一根五百年树龙，"西蒙曾经告诉我们，他见过一把像我们需要的那把钥匙。但仅此而已。也许可以在那上面找到一把解锁的钥匙。搜索所有的角落，也许你们会幸运地找到打开这个锁的方法。"年长的独角兽建议。

小组立刻检查了洞穴的墙壁和地板，寻找有没有钥匙的迹象，同时也找大的棍子，以便撬开格栅。

第二十章

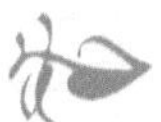

时间之沙

与此同时，回到马厩，基莉的妈妈继续照顾着克莱娅。她用旧的热水袋来保持克莱娅温暖，并将蓝色法兰绒毯子围在她的脖子上。她每天都会刷克莱娅那身病态的、带着青黄相间斑点的毛发，绝望地试图抚摸疾病，但都没有成功。玛吉只是回家吃饭和睡觉，睡上几个小时在自己的床上，然后就回到她的护理工作中。她没有意识到，但每个与克莱娅度过的小时都在安抚她自己受伤的灵魂，溶解了那直到此时一直锁住她心的悲伤，使她变得脆弱——使她再次感受到了情感。

在她回家的一次行程中，她决定花几分钟时间整理房子，以便在基莉回来时一切都整洁干净。玛吉在工作时轻声哼唱，试图忘记潜藏在每个角落的担忧阴影，它们埋伏在那里，准备再次用恐惧和眼泪压垮她。她甚至不能想象失去基莉的事情。但有些恐慌的思绪正悄悄地渗入她哼唱的歌词之间。脖子后面的小毛发首先竖起来，然后她的眼睛刺痛了，恐惧淹没了她。她突然坐在了一个屡次用胶带粘住的塑料厨房椅子上，颤抖的手掩盖住她的眼睛，开始哭泣。"基莉，基莉，回家给我。拜托，我不能再失去你。拜托，拜托回家。"几分钟后，她重新恢复了平静，将眼泪再次藏在心中。"哦，基莉，听我说。我不能要求你原谅我无法忘记的事情，但我爱你。" 她向她送去一阵无声的风吻。玛吉开始痊愈；扭曲她灵魂的那只冰冷的手松开了，阁楼上的藤篮里的记忆渐渐淡去。然而，她仍然有很长的路要走。

从椅子上站起来，玛吉走进了家庭房间，再次开始了无声的哼唱，一边整理和擦拭。她想，为什么沙漏躺在角落里？以前我从未注意到过。最好把它放回电视机上方的架子上。她照做了。时间的红沙开始流逝，克莱娅和基莉却对此一无所知。

第二十一章

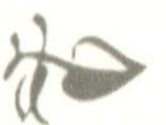

梦捕手

　　当基莉弯下身子试图拉起插在地里的细长无枝的树干时，一股风的碎片在她的耳边呼啸而过，她的背脊传来一股冷意。她打了个寒颤，迅速耸肩摆脱这种感觉。"嗯，这一定是爷爷总是说的那种感觉，就像有人践踏你的坟墓一样，"基莉自言自语。"不知是什么引起的。是我的直觉再次出现了吗？"她转向脚下的那根树枝，试图将其从地里拔出，但没有成功。

　　"我需要你们的帮助，"基莉大声呼叫。

　　梅奇和格劳勒都冲过来帮忙，翻开他们脖子上的几条撕破的彩虹，开始疯狂地挖掘那根卡在地里的树干的基部。基莉继续用力拉动，而它们继续挖掘。仅仅过了一会儿，他们的努力取得了成果，树根突然全部松动，基莉被抛向后方。

　　"哎呀！好疼啊，"基莉喊道，一只手揉着她的屁股，另一只手紧紧抓住细长的树干。"我没有看到任何钥匙，但也许我们可以用这根象鼻杆把这个格栅掀起来。我们很幸运它没有分枝。"

　　首先，基莉将树干穿过了一个巴掌大小的三角形。然后，三名救援者——基莉站在一端，格劳勒在中间，梅奇在前面平衡——跳上那根细长的树干，利用自己的重量试图把树盖掀开。正当他们努力尝试时，手电筒发出的一束光线照亮了格劳勒脖子上的围巾别针，将形状投影到下面的独角兽身上。

"看那！看！那是黄金之钥！" 所有的独角兽异口同声地尖叫着。在他们的兴奋中，他们滑入了通常只供老年独角兽使用的古老语言。

基莉、梅奇和格劳勒放下树干，相互看着。"他们在说什么？什么是黄金之钥？"

"黄金之钥，黄金的钥匙！"这个答案在基莉有机会自己解释之前迅速爆发出来。

"它在哪里？"

"这把钥匙在格劳勒胸前的中间，别在他的围巾上，"他们大叫着。"看！双三角形就在那里。"

"哇，格劳勒，把你的别针取下来！他们可能是对的。看起来有点像树盖顶上的锁，"基莉说。

格劳勒尽可能快地解开了他的围巾别针，将剩下的彩虹系在脖子上。基莉拿着别针，慢慢地试图将它插入锈蚀的锁中。它合适，它旋转了两次，滑进槽中，紧紧地卡住了。她交叉着手指，深吸一口气，然后慢慢地转动了钥匙。

咔嗒。咔嗒。锁住树盖的环部分发出吱吱作响，解开了挂锁。

"现在我们只需将这块金属块取下来。这说起来容易，做起来难，"基莉评论道。"让我们看看能否用这树干将其撬开。"

他们再次采取了与之前相同的姿势，开始共同努力。树盖缓缓上升，他们全力推动，大声地呻吟着，发出断断续续的喘息声，创造出一个弯月形的间隙。树盖已经打开，但开口对于任何独角兽来说都太小了。

"需要帮助吗？" 背后传来一个声音。

他们转身，看到梦想之星雄伟地站在隧道里。他身边没有其他人。

"你找到西蒙了吗？"基莉问道。

"是的，我找到了。但我需要你们的帮助，来解救他。不过，首要任务还是让我们释放我的梦捕手。我怎样才能帮助你们？" 梦想之星 用稍微复杂和独特的语言问道。

"我不确定，但我们需要将这个树盖移开，这样独角兽们就可以离开。你认为我们怎么能做到这一点？"基莉问道。

"嗯，我认为我可以用角来举起它。我相当肯定，它会通过圆形或三角形。请让开，我不想把树盖砸在任何人的脚上，" 梦想之星 继续说。他用一种奇怪的措辞，但每个人都能理解他。有时，他的措辞几乎流利，而其他时候则是颠倒和呆板的，散布着偶尔出现的未知古老词汇。其他独角兽说话时也发生了同样的事情，他们的英语语言能力有点生疏，有时他们会在自己的方言和口音中混杂古老词汇。

梦想之星 将他的角穿过了一个圆形，这是完美的选择，他的腿大张，就像长颈鹿即将喝水，咕噜了两声，噙着角喷气。他的背部肌肉波动着，努力将沉重的树盖举到他的角上。角变成了鲜红色的火焰，随着他一点点抬起它。经过几个宁静的时刻，弯月形的缝隙扩大，直到坑洞完全打开，树盖被丢弃在一边。梦想之星 做到了。甚至在解开角环后，角仍然在冒烟，余烬燃烧，投射出几乎找到梦境的阴影。

"好的，梦捕手，出洞吧。直接飞上去！" 梦想之星 咆哮着。

一个接一个的独角兽如同比最亮的彩虹更绚烂的色彩，随着 梦想之星 的命令摇动着他们的鬃毛，指着他们的角，飞上天空。他们绕着基莉、格劳勒和梅奇盘旋；梦捕手们再次触摸到自由的喜悦产生了静电，光芒从他们的角、蹄和尾巴上喷射而出，照亮了洞穴的每个角落。"哇！看那个，"基莉喊道。"黑暗中充满了光芒——就像火炬一样。" 她没有意识到这种电荷使她的头发蓬松起来，几乎竖立起来，直到她看到了梅奇和格劳勒的毛发反应。基莉摸了摸自己的头发，发现它处于类似的状态。"感觉就像棉花糖！" 她喊道。

"梦想之星，"基莉喊道，"让我们去救西蒙。"

"跟着我。梦捕手们，都请站在我们拯救队伍的后面，" 梦想之星 命令道。"准备好和我一起翩翩起舞。"

小组迅速分成小组，他们的路由由沿洞穴壁上的光球提供，他们迅速跟随在基莉、梅奇、格劳勒和 梦想之星 后面。几分钟后，他们来到了路口，所有人都加速走下左边的路线，急于到达他们的朋友西蒙那里。

当他们接近路径的尽头时，基莉注意到一些奇妙的、奇怪的、花朵般的东西，它们在紫色和绿色的水洼中脉动发光，直接生长在洞穴墙壁的凹处。之前没有人注意到它们；当时太暗了，但光芒使它们不容忽视。基莉心想，我现在没有时间去探索这些花朵，但我记下了，等我有时间的时候再来看看它们。"

就在这时，他们绕过了路径的最后一个弯道，看到了另一个奇怪的景象。站在小路中央的是一个巨大的石蛋，部分覆盖着厚厚的纤维膜，就像生鸡蛋的蛋白，而不是蛋黄。石头尚未完全关闭；还有一个小缺口，使人们能够看到蛋壳内部。而正是在那里，西蒙被困住了。他被包裹在一种某种蚕茧中，紧紧地粘在一侧，无法动弹。这个小组唯一能够看到并认出的东西是一些绿色和黑色的头发从他被困的头巾下伸出来，以及他的睫毛已经被剃光，当他看到自己的救援小组时，他的眼睛开始闪烁，表现出警报。当心！你也会被困住的！他在心中喊道。黄金火龙随时可能回来。梦想之星，就像我之前告诉你的，当你刚到达时，你应该把我留下，把梦捕手带走，免得你们再次被抓住。"

"不，我认为在你被释放之前，不会有人离开。我确信基莉一直在照顾黄金火龙和许愿者很长时间；它们的火焰和邪恶已经永远熄灭了。我们只需找出最好的方法将你从那个茧岩中解救出来，而不让自己陷入困境。你有什么想法吗？"梦想之星 问道。

"我担心仍然存在危险。要非常小心！"西蒙警告道。"我不确定，但我在这个蛋中有很长时间可以思考。我不记得黄金火龙是如何将我困在里面的。我昏迷了很长时间，但我记得有一段时间有巨大的热量。也许如果你和一群梦捕手把你们的角放在一起，你们可以在这个纤维墙上烧出一个洞。"

"这值得一试，"梦想之星 评论道。

"但我认为我们应该从离西蒙最远的地方开始，"基莉插话说，"以防它着火而不仅仅在一个地方燃烧。"

"梦捕手，直冲上天"

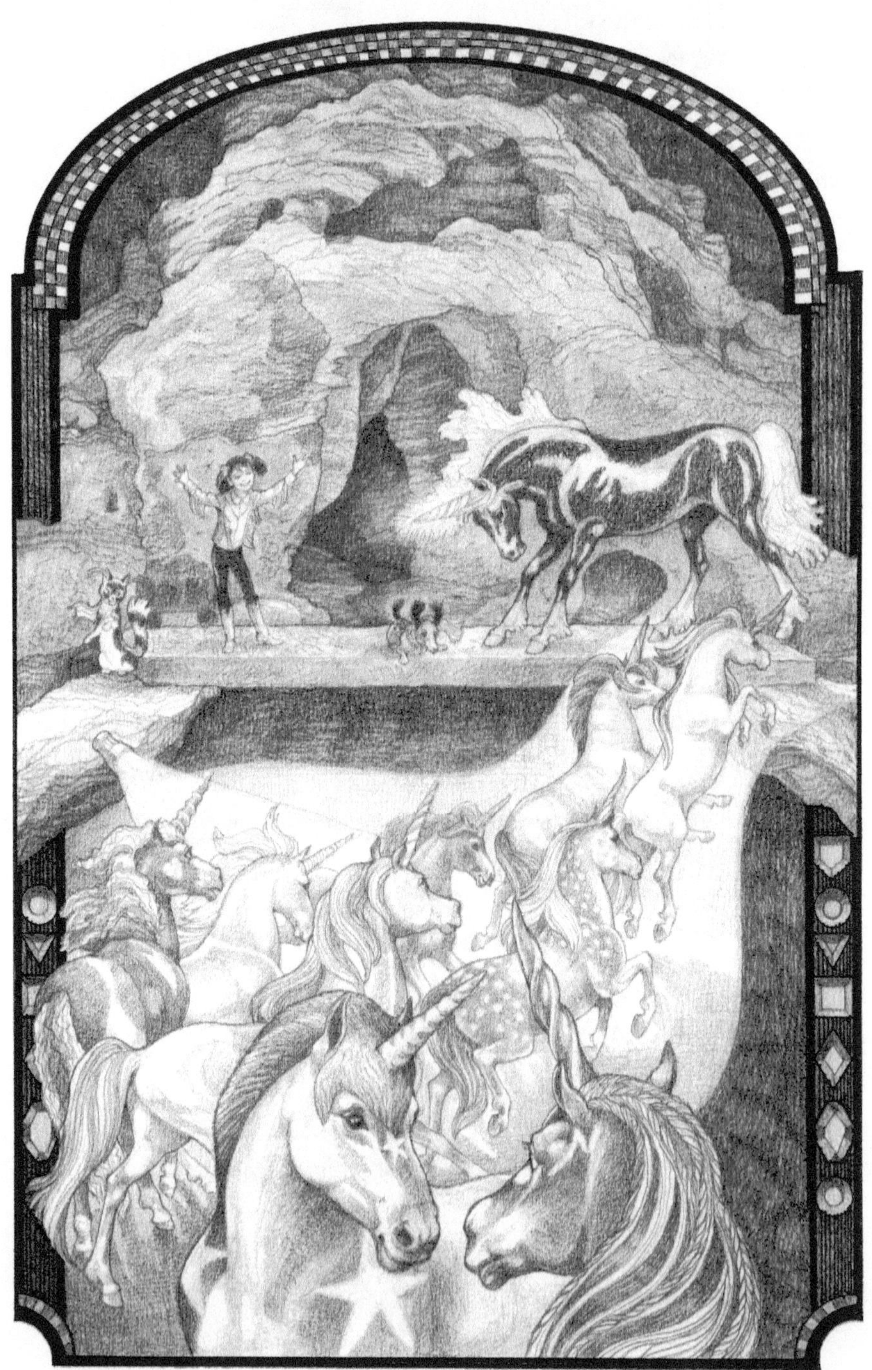

"独角兽们，到这一端来，让我们把角合在一起，" 梦捕手 命令道，混合着古老的词汇和现代的语言。

一群梦捕手和 梦想之星 将它们的角合在一起。随着光芒从蓝红色变为雪亮，它们划破蛋的边缘，灼伤了薄膜。他们没有为接下来发生的事情做好准备；一声刺耳的尖叫充满了空气，薄膜像一个巨大的气球一样坍塌，完全包裹住了西蒙。我无法呼吸！这个蛋把我闷死了！西蒙用思维说道。帮帮我！

"快，梦捕手！"基莉喊道。"用你们的角将这些东西挑起来，否则西蒙就要死了！"

五光十色的颜色响应了她的命令。每个梦捕手都比自己的重量多，它们弄破了薄膜的几个地方，把它们从西蒙身上拽开。梦想之星 弯下身子，取下了西蒙的眼睛和嘴巴上的最后一丝薄膜，然后用角和蹄解开了这个茧。梅奇、格劳勒和基莉加入了梦想之星，他们一起成功地将西蒙从差点使他窒息的监狱中解救出来。

"终于，我又可以呼吸新鲜的空气了，"西蒙喘着气说。"非常感谢你们救了我的命。我真的不认为我还有多少机会再次自由。" 他伸展了胳膊，把披风裹在自己身上，同时重新包好了头巾。西蒙在最后的旋转中成功地恢复了大部分的冷静，这只有西蒙才能做到。

"现在，告诉我，基莉，你在这里做什么，克莱娅在哪里？"西蒙问道。"当我离开时，我本来是要度假的，但我听到了梦想之星和梦捕手的求救声，所以我做了一个小小的偏离。黄金火龙把我困在一个巨大的网中，然后用茧包裹了我。我记得被尾巴打得昏昏沉沉，就像有一百只棒球棒猛烈击打我的头。我的耳朵响得如此之大，以至于根本听不到其他声音，我甚至无法再向任何人耳语思绪的线索。"

然后他补充道："你注意到了吗，围绕着我的监狱的石壳正在变大吗？最终，它会遍布整个薄膜，我将永远被困在里面。你来得刚刚好。我非常感激你们。"

"如果不是基莉，在从不的另一侧的紫色粘液我也会被困住的，"梦想之星 声言。

"也是基莉救了我们。还有格劳勒的黄金之钥解放了我们，"梦捕手加入了声音。

基莉害羞地低头看着她绿色靴子的鞋尖，赞美的话语让她感到愉快。她弯下腰，抚摸了梅奇和格劳勒，然后加入了自己的话。"如果没有你们两个，我就不能完成任何事情。你们给了我很多灵感和力量。我们是一个超级小组。"

站起身后，她说："现在，西蒙，回答你之前的问题，我来寻找克莱娅的药物。她病得很重，我们正努力寻找治疗方法。我们在黄金火龙和梦捕手的事情上分心，但我们必须找到药方，并回到克莱娅那里。我真的很担心她。我不知道她还剩多少时间。你愿意帮助我们找到治疗方法吗？"她问道。

与此同时，基莉正在与西蒙交谈，梦捕手和梦想之星正在讨论如何处理所有从被捉住的流星身上得到的失落的愿望、希望和梦想。它们堆积在洞穴入口附近。黄金火龙摆脱了这些流星，捉住它们后立刻将它们抛进了彩虹河中，那里它们迅速被吸收。也许，最终，那些仍然留在河流其他地方的流星会找到回到天空，加入最近因巨大的黄金火龙爆炸而重生的星星，与新的星座一起。目前最大的问题是如何实现对那些曾许愿的人的失落愿望、希望和梦想的满足。有太多了，而梦捕手不够。梦想之星 想到了一个主意，然后转向西蒙。"拜托，西蒙，你必须帮助我们。"

西蒙首先转向基莉，用他的正常但生硬的方式说话："基莉，你做得太出色了。我为你感到非常自豪。你将找到克莱娅的治疗方法。我知道你害怕，但你能做到，你也会做到。我会帮助你重新开始，但你必须自己完成。克莱娅相信你。你相信克莱娅，我相信你。现在仔细听。我感觉和你一样，时间不多，但你可以而且会成功的，基莉。你必须相信自己。"

婆婆经常说的同样的话在洞穴里回荡："相信——你——你——你。"而西蒙的话强化了她内心逐渐增长的信心："为你感到自豪。"

西蒙继续说："你必须找到永远的一部分边缘的一个小山谷。在它的中间，会有一个深蓝且清澈的水池，是天堂和地球、已经看到和尚未看到的所有天上地下最蓝和最清澈的水池。这就是希望和梦想之池。从那里取来的水对治愈克莱娅至关重要，但你需要首先将它与真正会流泪的忧伤树的眼泪混合在一起。它们也生长在这个山谷中。你可以通过它们的树干上悬挂的晶莹眼泪识别它们。其中一棵有微小的白色花朵，另一棵有黄色树皮和刺。这两棵树散发出一种让你忘记恐惧的美妙香气。这些眼泪是世界上最珍贵的宝藏之一。小心不要伤害制造它们的树。

"首先，你需要到达永远的一部分，最困难的部分可能是找到通往山谷的秘密入口。我只去过一次，很久很久以前。我记得沿着一颗彗星的尾巴旅行，然后以某种方式到达了一个充满奇怪花卉的地方。自那时以来，我再也没有见过类似的花卉，但我记得当我闻到它们时，发生了不可思议的事情。我无法解释，但我被卷入了一个螺旋的红绿宝石云中，被拉到隐藏的入口附近，落在靠近池子的地方。然而，另一个重要的问题是，我认为你可能无法在山谷内或靠近山谷的地方飞行。你将不得不步行或以其他方式前进。我知道我的披风不起作用，独角兽通常也不能在那里飞行。"

"嗯，我们在几个地方都遇到了飞行问题，所以我们几乎已经习惯了。西蒙，这些花是什么样的？"基莉问道。当西蒙描述花卉时，克莱娅的形象印在了基莉的心灵中。她看到克莱娅的眼睛在她面前瞪大，那神秘的花朵形状牢牢地镶嵌在瞳孔最深的地方。基莉如此入迷，以至于她几乎没有听到西蒙的最后话。

"而这些花总是生长在绿色和紫色泥浆的"嘣屁池"中，它们有专利皮革般的闪亮，触摸起来非常粘。"西蒙结束了描述。

"哎呀，这些听起来很熟悉，"基莉反思道。"我在哪里见过类似的东西呢？嗯。"基莉向西蒙展示了红色羊皮纸卷的神秘线索，但他没有提供有关山谷位置的其他提示，只是强调，如果她用心的话，答案将在她需要时出现。

留下基莉思考，西蒙转向梦想之星提供帮助以完成捡拾的失落愿望、希望和梦想的分发工作，询问梦想之星的计划是什么。

梦想之星的计划似乎有点疯狂，但对西蒙来说，这是又一个"可能的"主意。梦想之星提议使用黄金火龙留在洞穴角落里的一张旧网，将它装满所有被抛弃的愿望、希望和梦想，然后将网拖到一座彩虹的顶部，逐一分发所有它们，交给梦捕手进行传送。每个梦捕手将专注于实现一个愿望、希望或梦想，完成后回到西蒙，接过第二个，依此类推，直到所有的都完成。最大或最复杂的愿望、希望或梦想将交给梦想之星，因为他是经验和力量最丰富的独角兽。

"基莉，你认为你能找到克莱娅的药物吗，而我帮助梦想之星和梦捕手？"西蒙问道。"你已经非常出色地完成了工作，我相信你可以独立完成。哦，我会去洞穴入口，找回魔毯，然后带上它，以防它被遗失。我们完成工作后，我会尽快加入你和克莱娅。你觉得怎么样？"

基莉转向她的同伴，询问他们的看法。"你们觉得怎么样，伙伴们？"

答案齐声喊出。"是的，我们可以！我们可以做到！"

"梦想之星和梦捕手，是时候飞翔了，"西蒙命令道，然后所有人都消失在角、鬃毛和流动的长袍的旋风中，奔向分散的愿望、希望和梦想。

"这太好了，"基莉评论道。"这张网完美地能一次将所有的东西从洞穴中搬出来。"这是婆婆经常说的"一次全部"表达方式，基莉喜欢使用。每个人都加入进来；甚至基莉、梅奇和格劳勒也在继续寻找永远的一部分的隐藏山谷之前帮忙。

没有人在将愿望投入网中之前暂停仔细查看愿望，也没有试图快速分类它们。如果他们这样做了，他们会发现其中一些愿望已经躺在洞穴中数十年了，早在梦捕手自己被捉住之前就被抓住了。显然，在一个不知道多久的时间里，狡猾的黄金火龙捉住了一些星星，仅仅出于恶意，抛弃了梦捕手甚至没有意识到他们错过的愿望。

西蒙收拢了网的边缘，试图将其拖过地面，但即使对他来说也太重了。"梦捕手，我需要你们的帮助。围绕着，将你们的角穿过靠近网顶部的一些孔，以帮助我搬运负担，"他吩咐道。"我们不需要运得很远。我们会飞到最近的一座彩虹的顶部，不算我们正在下面的那座。我认为有足够的光线来帮助我们尽快分发失落的愿望。尽量满足尽可能多的愿望、希望和梦想，但不要担心那些找不到许愿者、梦想之星或希望者的愿望。将那些还给我，我以后会看看能做什么。我要去拿魔毯，然后我们开始分发。"

"基莉，梅奇和格劳勒，你们也可以开始了。"但当他说这句话时，他注意到他们已经开始走进洞穴更深的地方。

"西蒙，我们有一个主意，"基莉说。"请照顾好自己。我们很快就会见到你！"他们的告别声在洞穴的墙壁上回响。

第二十二章

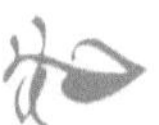

愿望成真

　　两组分别继续前进，每一组都专注于完成他们的任务。基莉，格劳勒和梅奇前往调查洞穴侧面生长的不寻常的闪亮泥土中的花朵。西蒙和他的小组有点不稳地飞向下面的夜空中一道较宽的彩虹。

　　当这群混合的梦捕手独角兽和西蒙靠近彩虹时，他们开始寻找着陆和启动"许愿行动"的地方。他们发现在彩虹的顶端有一个完美的着陆点。七彩的光环在其最高点变平，两边漂浮着足够的银色云朵，可以支撑愿望、希望和梦想的网络。西蒙一落地就立刻开始工作。他将整个满满的愿望网放在云朵上，一只脚踩在彩虹的边缘，一只脚踩在云朵的银色边缘。梦捕手独角兽们轻轻将它们的角从网上解下来，排成队伍，准备执行他的下一个命令。西蒙伸手从网中取出第一个愿望。他吹去愿望上仍然附着的一些尘土，迅速阅读愿望的内容，露出一丝弯曲的笑容，将它牢牢地放在第一只梦捕手独角兽的角上。"这个愿望有点陈旧，愿望者可能不再需要一辆长得像火车鸣笛的消防红自行车，但还是查看一下吧，"他笑着说。"也许他有一个小男孩或女孩，也希望得到与父亲曾经一样的东西。在满足其中一些愿望方面，您可能需要有一些创意。"

下一个愿望来自一个小女孩，她希望她的母亲康复，然后还有一个来自一个母亲的愿望，希望她失散的女儿能回家。还有一个来自一个小男孩，希望能有一只小狗，还有一个来自一位恋爱中的青少年，希望一个叫特蕾西的女孩爱上他，等等。西蒙迅速阅读这些愿望，然后将它们分发给了梦捕手独角兽们。梦想之星接下了来自母亲的愿望，希望她的女儿能够回家，因为这个愿望需要比其他一些愿望更多的研究。

在最初的愿望分发之后，西蒙根据愿望、希望或梦想的类型和难度将剩下的愿望分类成堆。这将使在梦捕手独角兽们返回执行第二次任务、第三次任务等时更容易分发它们。一些梦捕手独角兽更喜欢实现来自孩子们的愿望，其他人更喜欢来自成年人的愿望，还有一些专门从事与爱情有关的愿望，或者仅仅处理与疼痛有关的愿望。还有一些只满足希望，还有一些只满足梦想。每个人都有充足的愿望，无论他们的首选专业是什么。愿望行动将需要比我预期的时间长得多。希望基莉现在不需要我，西蒙想到。

西蒙和梦想之星都要求梦捕手独角兽们尽快前往他们的目的地，使用任何可用的方法。西蒙停下来听了一会儿；多种方言中独角兽的喋喋不休——从月亮背后的星星、土星边缘的彩虹、跨越宇宙的瀑布中传来的声音——混成诗歌，绘成画，绘出天空，吟咏着昨日的欢乐和明日的希望。

几只独角兽开始乘坐围绕彩虹旋转的月光，因为月光移动得比梦捕手独角兽们飞得更快。少数人决定滑下彩虹到达他们的目标。有些梦捕手独角兽习惯了这种旅行方式，因为他们年轻时的一项娱乐活动是玩彩虹，尝试看看在摔下之前他们能滑多远。他们跑着跳，着陆在下降的彩虹的顶部中央，滑下底部，然后跳上下一个彩虹重复这个过程。滑彩虹就像滑那些基莉的父亲过去在后院做的巨大滑滑梯一样。首先，他拿了一张旧的塑料淋浴帘，把它从中间切开，把两块端对端放在一起。然后，他用花园水管把所有的塑料都湿润了，把水留在第一块塑料的顶部附近。基莉和她的朋友们跑着起跳，落在肚子上，滑滑到尽头，直到在草地上滑到停下来。通常他们会把从牙齿中吐出的草拍掉，同时嘲笑自己笑疯了。

　　大约在第一批梦捕手独角兽飞走以满足愿望时，基莉，梅奇和格劳勒来到了他们想要调查的花朵所在的地方。幸运的是，墙上的一些光仍在发光，揭示了花朵的藏身之处。他们单文件行走，尽量靠近墙，接近那些闪闪发光的地方，注意到花朵生长的泥土实际上是绿色和紫色的，非常光滑，几乎像镜子一样。花朵在微弱的光线中发光的方式，或者可能是微风让他们三人发抖的方式，让基莉警觉起来。她的胃在担忧中收紧，所以她闭上眼睛，试图控制住可怕的幻觉，强迫自己的声音听起来正常。

　　"嘿，看这边。有一朵花在小道附近生长。很容易检查，"基莉说，声音带着她无法完全控制的紧张颤抖。她冲过去看，没有意识到常规小道已经结束，她正在奔向包围花朵的同样闪闪发光的泥土。梅奇和格劳勒，仍然拉着红色战车，跟在她后。基莉最先到达花朵，弯下腰仔细检查，然后她听到了一个模糊的声音和后面传来的一声尖叫。泥土突然冒出一个巨大的泡泡，爆炸到了格劳勒和梅奇身上。当基莉试图转身时，泥土似乎又在发出咕咕声。她发现自己的靴子被牢牢地卡住了，这种绿色和紫色的泥土几乎涌到了她的脚踝。她无法前进也无法后退。然而，梅奇的状况最糟。她的皮毛被泥土覆盖，迅速将她吸入地下。她尖叫着，呼喊着寻求帮助，她的头部在几秒钟内消失了，然后是她尾巴的尖端。

　　"这是什么东西，基莉？"一个恐慌的格劳勒吠叫道。

　　他仍然在拼命挣扎，红车绑在了皮带式马具上。他继续被泥土拽着。"使用你的思想，基莉！使用你的思想！"他的斑点耳朵还能看到一会儿，然后它们也随着红车一起消失了。

　　基莉也被拖下去，但没有像他们两个那样快。她有时间用思想将梅奇和格劳勒从沉泥中移到她旁边。他们的命运是相连的。基莉然后放松，闭上眼睛，吸了一口最后的空气，以泥土的巨大嗝屁消失在了洞穴中。她的思想集中在克莱娅、彩虹、瀑布和星星池上。在一丝意识的阴影中，她看到一个闪亮的云朵下降，吸走了三个嗝屁。

　　几分钟后，剩下的闪光灭了，被一个寒冷的阵风刮过洞穴，没有留下任何痕迹，就像他们从来没有出现过一样。

第二十三章

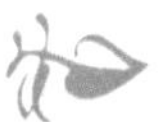

永远的一部分

在"永远的一部分"的某处，天空中裂开了一个小缝，三声非常响亮的飞溅声加入了雷声。它们一个接一个地溅入了一个令人震耳欲聋的瀑布前的蓝绿色池塘中。池塘很浅，但梅奇和特别是格劳勒，仍然绑着红车，努力保持头部在水面以上。在飞溅着陆后，基莉站起来，她的靴子牢牢触及底部，仍然紧握着花朵。她擦去滴湿的刘海，几乎立刻就找到了梅奇和格劳勒。在走到梅奇那里之后，她抓住她颈后的一把皮毛，就像她过去捡起和抱小猫或小狗一样，然后轻轻地摇了摇她。然后，基莉帮助格劳勒将红车提到水面，一只手拿着红车，另一只手继续扶着梅奇。

他们疲倦地坐在沙滩上，他们疲倦地坐在沙滩上，湿漉漉的朋友们转向声音的方向，几乎被震住了。在他们面前矗立着一座从天堂到地球维度之间的瀑布。他们甚至看不到它从哪里开始——它如此之高，触及了一个无名的星星边缘。水直冲天空之巅，闪烁着蓝色、绿色和银色的明亮色彩，还带有一丝隐藏的火焰，从瀑布的另一侧发出的火光流动，夹杂着冰与火的雷鸣。绿橙色的月光雾气与火焰和冰冷的钻石的暗示融为一体，紧贴着瀑布的边缘，从倾泻的雨中流出。

哇！

哇哇！

喵~哇！

当他们的眼皮在对他们的想法无法承受的敬畏之下解锁时，他们一起呼出了他们的思维。

"那是一种泥池。我从来没想到我们能活着出来，也没想到它会把我们带到这里。我敢打赌，基莉的思维技巧帮了不少忙，"梅奇松了一口气。"你们看看这个地方。我们有可能已经降落在了"永远的一部分"。看起来完全像"永远"的一部分，或者就像我想象的那样。"

"好吧，"基莉说，"我们幸免于泥池之后，这是一种解脱。我确实在那个地方使用了我的思维，我很高兴它有效。我的心仍在怦怦地跳动。我想它的声音比马戏团里的鼓声还要大！现在该放松一下了，"她总结道，他们闭上眼睛，静下来重新集中注意力。过了一会儿，她叹了口气，"好了，准备好了。"

梅奇首先开口。"现在我们需要做的就是找到西蒙所说的那个小山谷。你们想先找什么——悲伤树还是特别的泻湖？"

"由于我对树比较熟悉，我们先找树吧，"基莉建议。突然间，基莉的手掌开始痒了；她紧握的花朵开始在她的手指上发痒，直到她打开手掌。当她不眨眼地凝视时，花朵的形状发生了变化；一堆蓝线在花瓣上蜿蜒而过。她小心地将它放在池塘边的一块大漂木上，她看到这些线实际上不仅仅是花瓣的纹理，而是一个真正的宝藏地图上的窄线。她说："看起来我们有下一步的指示。这是一张脆弱而极其精致的地图。看那些小涂鸦，它们看起来像眼泪吗？也许这些就是悲伤的树。你们觉得呢？"基莉不确定自己是否正确地解释了花瓣。也许它只是一朵压扁的花，她的想象又一次放飞了，正如她的妈妈经常说的那样。

然而，梅奇和格劳勒都认为值得检查一下。梅奇第一个看到地图上有可能是瀑布的地方，标志着他们目前所在的位置，弯曲的符号扭曲交织在一起。如果她没错的话，他们有了一个起点。在审查花瓣地图并将其放在不同方向来看是否有新想法时，他们决定前往悲伤树的最佳方法是径直穿越瀑布。

基莉喜欢"径直穿越"这个词汇，这是公公最喜欢的说法之一，在他的冒险中用来描述他正好位于激动人心的事情的中

地图显示隐藏的小径起始于瀑布背后的某个地方，通向山谷和树丛。基莉吞下了疑虑，首先迈出一步，格劳勒和梅奇紧随其后。当她走近瀑布时，基莉将手伸进雾气和水中，然后一只脚，然后头，最后她完全走出。接下来是梅奇，第三个是格劳勒和红车。在另一边，雾气悬浮在地面上，呈块状，像云一样，覆盖了部分小径。但小径很容易看到，小组没有困难地离开了瀑布。他们默默地跋涉了几分钟，注意到绿橙色的雾气似乎随着每一步变得更高更宽，直到他们感觉自己仿佛在云隧道内以慢动作行走。他们没有意识到，他们开始地方的小径和雾气都没有留在原地；它们向上行进，下一站未知。

小径突然结束了；隧道的边缘变得柔和，融入了悬浮的云层和岩石。不知道会发生什么，他们小心翼翼地穿过依然残留的雾气，发现自己站在一个崎岖的、多岩石的悬崖上，俯瞰着另一个山谷，山谷里满是树木。从他们的位置看，树上挂满了闪闪发光的金色和银色的果实，围绕着一个更加奇特的树木树林的小绿洲，位于山谷的中心。

基莉花了一会时间来检查她的花瓣地图，地图指出带有眼泪的树应该位于一个奇特的树林的中心，而他们面前的树林绝对符合奇特的标准。"我们去看看中间的那些吧，大伙儿怎么样？"基莉建议道，"它们可能就是我们要找的树。"

所有人都同意，尽快地朝着绿洲前进，因为他们还没有恢复飞行的能力仍然使用着脚和爪。他们稍作停顿，凝视着挂在树枝上的各种形状和大小的闪闪发光的果实。有太多类型的形状和大小，数不胜数——圆的、方的、长方形的、三角形的、椭圆的、扁的、肥的，甚至冰块状的。每一个都以一种无与伦比的辉煌和光亮闪耀，甚至超过了最闪烁的星星，即使是那些在冬日满月下的天空中被雪花包围的著名的冰冻星星。"这些果实太美丽了，不适合采摘，"基莉自言自语道，"而且它们根本不像眼泪。"

在几分钟内，他们进入了山谷的中心，看到了眼前的绿洲。

那是一片生长在铜色、闪闪发光的红色沙子上的小树林。有些树有着扭曲的树干，带刺的树枝，黄色的树皮和小叶子，而其他树上则长满了娇嫩、淡黄色的花朵，中心处长有红色的花蕾，分布在树的各个部分。每棵树上都有眼泪形状的块状东西，从它们的树干中流淌出来。一颗树上有黄色和红褐色的眼泪，就像树皮一样，而另一颗树上的眼泪是白色、透明的琥珀，点缀着金粉。一股似乎来自树林的神秘香气充斥着空气，勾动着他们的感官，使他们闭上了眼睛，深深地吸气，时间仿佛停滞了一刻。在一股彩绘的彩虹花瓣——来自未知的地方——洒落在地上的同时，所有的恐惧和忧虑都离开了这个三人组，当他们走近树林时。

基莉轻轻地，仿佛在低语中，伸手摘下了一个黄树皮的树上的眼泪，但首先，她记起了威尔，用她的思维征得了允许。"拜托，树先生，我的名字是基莉。我不知道你的名字，但我真的想要你的一颗眼泪，以制作药物来帮助克莱娅。我希望你不会太在意。

"树上的叶子开始哗哗作响，仿佛被困在风暴中，低频的振动弥漫着空气，一股喘吁吁、抒情的嗡鸣刷过她的嘴唇，然后着陆在她的耳朵上。 "我不介意，基莉。嗡嗡嗡！拿吧，你需要多少就拿多少。我的名字是米拉，米拉小姐。我可能会开始哭一点，但不要担心。嗡嗡嗡。我想尽我所能帮助你。请小心我的刺。"基莉继续收获了两颗大眼泪，这些眼泪几乎无法剥离，梅奇和格劳勒在最终成功之前，加入了它们的爪子和牙齿。几乎立刻，从伤口处开始流出了一股黄色的液体，他们都听到了呻吟声。 "嗡嗡嗡，嗡嗡嗡。"米拉非常痛苦。

"我们能怎么帮助米拉小姐？"基莉喊道，"我不想伤害她。"

"我知道该怎么做，"格劳勒回答道。"我们还有一些你用来治疗我的彩虹蜂蜜。也许它能止痛。它在红车的桶里。"

"太好了，"基莉说。梅奇拿来了桶，给了她。基莉拿了一把，直接涂在裸露的伤口上。梅奇舔到粗糙的树皮的每个角落，以确保没有部分暴露在外。呻吟停止了，他们都靠在米拉的树干上，给了她一个大大的拥抱。"非常感谢你，米拉小姐。"

"不，基莉，帮助你是我的荣幸。蜂蜜可以治愈我的伤口。"她的嗡嗡声充满了新的勇气，他们都充满了新的勇气。

然后，他们移动到了另一棵哭泣的树，还没有请求允许，深沉的声音，像一堆石头滚落的声音，轰鸣着，"我叫弗兰基，波出，波出，波出——我的意思是……去吧，基莉，拿你需要的眼泪。我也想帮助克莱娅。"

当他们从弗兰基的树干上拉下眼泪时，他们用剩下的蜂蜜覆盖了切口，梅奇和格劳勒都舔进了树皮的每个角落。随着疼痛的消失，弗兰基发出了深沉的叹息，给了他们新的勇气。朋友们一起给了弗兰基一个大大的拥抱。基莉小心翼翼地将四颗珍贵的眼泪放在了红车里，然后拿出地图，查看了他们的下一个目的地，希望和梦想之池。

第二十四章

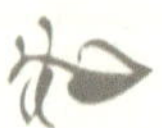

希望和梦想之池

　　基莉认真地研究了地图几分钟，试图找到池塘的位置。她说："好吧，看起来池塘应该在瀑布下面的某个地方。我不确定我们应该如何到达那里，但我认为我们需要回头，从瀑布的背后开始。还有其他人有其他想法吗？"她问。梅奇和格劳勒都凑到基莉的肩膀上，和她一起凝视着地图。他们两人都认为希望和梦想之池位于瀑布附近，但他们认为地图显示了一条可能的捷径。在他们看来，他们可以爬出树木繁茂的山谷，向南前进，穿过一座小山脊，最终回到他们开始的地方。一旦他们到达瀑布的顶部，他们可以确定池塘的确切位置。

　　基莉不同意，指出他们知道如何离开山谷；他们只需要像进入时那样完全按原路返回。如果他们朝着新的方向走，可能会迷路。然而，她提议进行投票，以确定他们的旅程方向。最终，以两票对一票的方式决定向南前进。"好吧，伙伴们，你们赢了，"她说。"我们会按照你们的方式做。"他们立刻开始快速穿越绿洲的沙丘，基莉停下来一会儿，舀起更多的红色沙子，放进她破旧、相当脏的牛仔裤口袋里。"这东西看起来像公公的沙子。不知道什么时候会派上用场。"

　　他们继续朝南穿越闪闪发光的果树林，果树上覆盖着羽毛一样的绿色、橙色和银色的雾气。雾逐渐变薄，他们来到了一条分叉路口。他们不知道要选择哪条道路，但基莉注意到左边的那条道路比另一条道路更加崎岖和陡峭。在灌木丛中有一群巨石和多刺的岩石突出，而另一条小路则由坚硬的沙土和小石子铺成。选择最容易的小路似乎是个轻而易举的决定，但当梅奇走在前面领路时，她被小路上的一些负面振动撞倒了。"嗯，我不确定这是什么，伙伴们，但我觉得这不是正道，"她嘶吼着。"看看我的毛发的反应，最好选择另一条。"

我同意，基莉和格劳勒一起思考，

看来梅奇的毛发对粗糙的叉路有了反应，我觉得我们不需要再遇到问题了。他们都向左转了。

对于红车来说，越过所有的大石头是一项越来越具有挑战性的任务。锋利、多刺的树枝似乎从岩石上长出，咬住了每个人。基莉开始即兴演奏一首歌曲以保持他们的士气，他们一边走，一边把它唱成了"老麦克唐纳"的旋律。

"老奥杰女巫有一颗又黏又脏的，诶-呀-诶-呀-哦。

这儿有一声哦，那儿有一声哎！这里有一个哦，

那里有一个疼！到处都是哦和疼。"

"重复合唱！"基莉喊道。

"这儿有一声哦，那儿有一声哎！到处都是哦和疼！"他们一起唱着，笑了起来。

他们继续唱歌和笑，慢慢走出山谷。经过几个小时的挣扎，他们终于一个接一个地摇摇摆摆地爬上了山脊的顶端。当他们回头看向哭泣的树林时，唯一可见的是整个地区厚厚的雾层，还有阳光的闪光，仍然透过雾气照亮了闪闪发光的果实。

小组小心翼翼地坐在崎岖岩石的最尖处，休息了几分钟，然后继续他们的旅程。回顾刚走过的小路，他们意识到小路上完全覆盖着岩石、大石头、树枝和多刺的草蒿。每个人都留下了一些自己的东西，从梅奇和格劳勒的毛发到基莉的衬衫和牛仔裤上的线头。所有人都齐声叹息，松了一口气，认为最艰难的部分已经结束，或者他们以为如此。

站起来，站在脚趾或爪趾上，他们再次向前走去，注意到一片银色的云悄然挂在他们的路上，覆盖了整条小路。基莉深

吸了一口气，首先踏入云层，然后是格劳勒，然后是梅奇。

"我什么都看不见！"基莉喊道。

"我也是，"格劳勒喊道。

"我也是，"梅奇补充说，她跳进了云中。

这就像在松软的大枕头中行走，完全眼盲，只有灰白色的垫子在他们前面、后面、上面和下面。

"我看到一点点光！"基莉说。"也许我们快要走出这片棉花糖了。"

在用手推开云层失败后，基莉缓慢地走进了一丝光线。"哇！"她同时用嘴和思想喊道。"你不能骗我。"

"哇，哇，哇，"格劳勒想了一想。

"同感，哇哇哇，"梅奇说。

他们站在瀑布的最顶端的一个小小的、杂乱的卵石悬崖上。颜色充满了他们的光——首先是在他们的眼睛和嘴唇上，然后是在他们的肩膀、腿和脚上，以及在他们的脚下——用跌落的雨水中游泳的感觉来洗净他们，同时仍然冰冻在一个边缘。这块石头是液体宝石，如翡翠、红宝石和蓝宝石，是松软的，但在他们的脚下发出噼啪声的声音，闪烁着冻结的火光。然而，真正令人惊讶的是，瀑布是双面的。它从两侧流下来。一边流入池塘，那是三人进入"永远的一部分"的地方时的第一个着陆地，另一边流入了对面的一个黑暗隧道。

"好吧，我觉得前方的路非常明显，你不觉得吗？"基莉问。

"是的，"其他两个人叹息了。

梅奇补充说："我们已经去过一个，但我们不知道另一边底部有什么。"

"在我们尝试乘坐瀑布之前我将红车解开，照顾它，"基莉说。"我认为你和梅奇都需要集中所有的智慧，以防需要游泳。我还会用一些彩虹条固定红车中的杂物，以免丢失任何东西。我们不知道这个池塘是否像第一个侧边那样浅，当我们降落时，很容易找到掉出来的东西。"基莉开始解开格劳勒，然后拽下她的麂皮外套、靴子和双层袜子，放进了小车里。接下来，她用一些彩虹条固定了松散的物品，同时她准备跳进瀑布隧道之前，哼着一个使自己镇定的歌。

"你知道吗，伙伴们，我在重新考虑这个问题，"她说。"也许更好的主意是我独自前往，而你们两个等在这里，直到我弄清楚是否安全。如果我几分钟内没有发出任何思想，那么你们可以回到西蒙和梦想之星那里，他们可以确保你们安全回家。我不想再让你们陷入任何危险中，而且我对跳进这个瀑布的事情并不太确定。"

"不，绝对不行。你不会独自前进的。我们一起走，"梅奇和格劳勒大声说，"不管你喜不喜欢！"

"我们是一个小组，伙伴们，这是最终决定，"梅奇补充说。"在我们都需要的时候，我们给彼此力量。"

"是的，你说得对，"基莉同意说，"我只是希望我们都能保持安全，但让我们一起做吧。我想再看看我的地图，确保没有问题。"她拿出了那张皱巴巴的花朵图，一个奇怪的事情发生了。她试图展开地图，但它却无法展开。相反，它重新塑造成了一个巨大的花朵。"好吧，这真的变得很奇怪，"基莉说。"我不知道这是什么意思？"问题刚刚提出，当他们三个一起思考答案时，答案出现了。

他们都在同一时间嗅了那个花。没有时间考虑第二次或恐惧进入他们的思维。当他们嗅到这朵花时，他们跳进了瀑布隧道，尽情地高呼："好呀，我们出发了！"

他们一起滑倒、尖叫、尖叫，扭曲、转动，一次又一次翻滚，既横又倒，穿越瀑布翻筋斗真是太疯狂了。她在第一次翻筋斗时放开了红车，这是唯一一样能够漂浮而不翻倒的东西。

翻滚和转动在他们炮弹进入水中时停止。四声巨大的溅起声，再次响起，他们三人再次加上红车，降落在了一片火与冰的泻湖中。池壁上嵌满了钻石，阳光的耀眼使水面看上去像是一团火焰。疲惫的一伙人划向岸边，基莉推着红车前行。一旦他们到达狭窄的沙滩，开始擦干身体，他们研究了周围环境。瀑布隧道在他们身后的一侧威胁着，而在他们面前是一片沼泽地，低垂着多彩的、飘逸的云。左右两侧都有一片片红色的沙地，通往另一片奇特树木的方向，但这些树木具有纤细的、橙色和红色条纹的树干，只在一侧有超大的常绿枝条，微微摆动在微风中。所有像手臂的树枝都指向同一个地方 沙地的尽头有一片小空地。"嗯，就连沙子都指向那里，就像一只红色的箭头。这可能是最后的标志，"基莉评论道。"在我们吃点小吃后，我们就过去吧。"

当他们到达空地时，他们发现了一个清澈、蔚蓝无比的小水池。它冒泡，呼吸得好像是活的，纯银色的沙子包围着它，散落着小白色鹅卵石。一张非常细的银网，不像基莉曾经从好威尔袋里救出来的婆婆钱包上的织物，完全覆盖着水面。在这张网的一侧挂着一个大挂锁。

"哦，不。又是一个没有钥匙的锁，"基莉说。"嗯。钥匙在哪里呢？我们肯定现在已经有了很多经验，了解未知的锁，我们需要仔细检查它，看看是否认出形状。"梅奇在几分钟内首先认出了锁的图案。它看起来像一根细细的银线，螺旋形地盘旋，直到锁的中心点。

"嘿，伙伴们，我认识这个设计，"梅奇慢悠悠地说。"我经常在上面放彩虹。我的围巾别针在镜子里就是这样的。我敢打赌它就是钥匙。"

然后就是这样。

基莉小心翼翼地从梅奇的脖子上取下别针，插入锁中。她小心翼翼地扭动它，直到它卡在位。一旦两根螺旋线相互牢牢地抓住，她试图把它从水中拉起，但什么都没发生。两根金属弹簧紧紧地绕在一起，卡住了。接下来，她试图向着网拧和扭，小紫石开始发光。最终，它发出了一声尖叫，几声金属摩擦的响声，让基莉想起了她用手指甲刮到黑板上时发出的声音当她没有把橡皮擦碰到黑板上时。

他们一起卷起了银网，默默地凝视着潺潺流淌的水片刻。水太深，即使水清澈，底部也看不见。他们的耳朵里传来混沌的竖琴和长笛声，听起来令人熟悉且令人陶醉。

"好了，伙伴们，目标是尽可能多地带走水。我们需要用我们所拥有的一切制作容器，"基莉宣布。首先，他们把塑料桶装满。桶上还有一些彩虹蜜粘在边上，但他们没有冲洗它，觉得一点蜜不会伤害水，也可能会增加其疗愈力。

"翻腾穿过瀑布真是狂野"

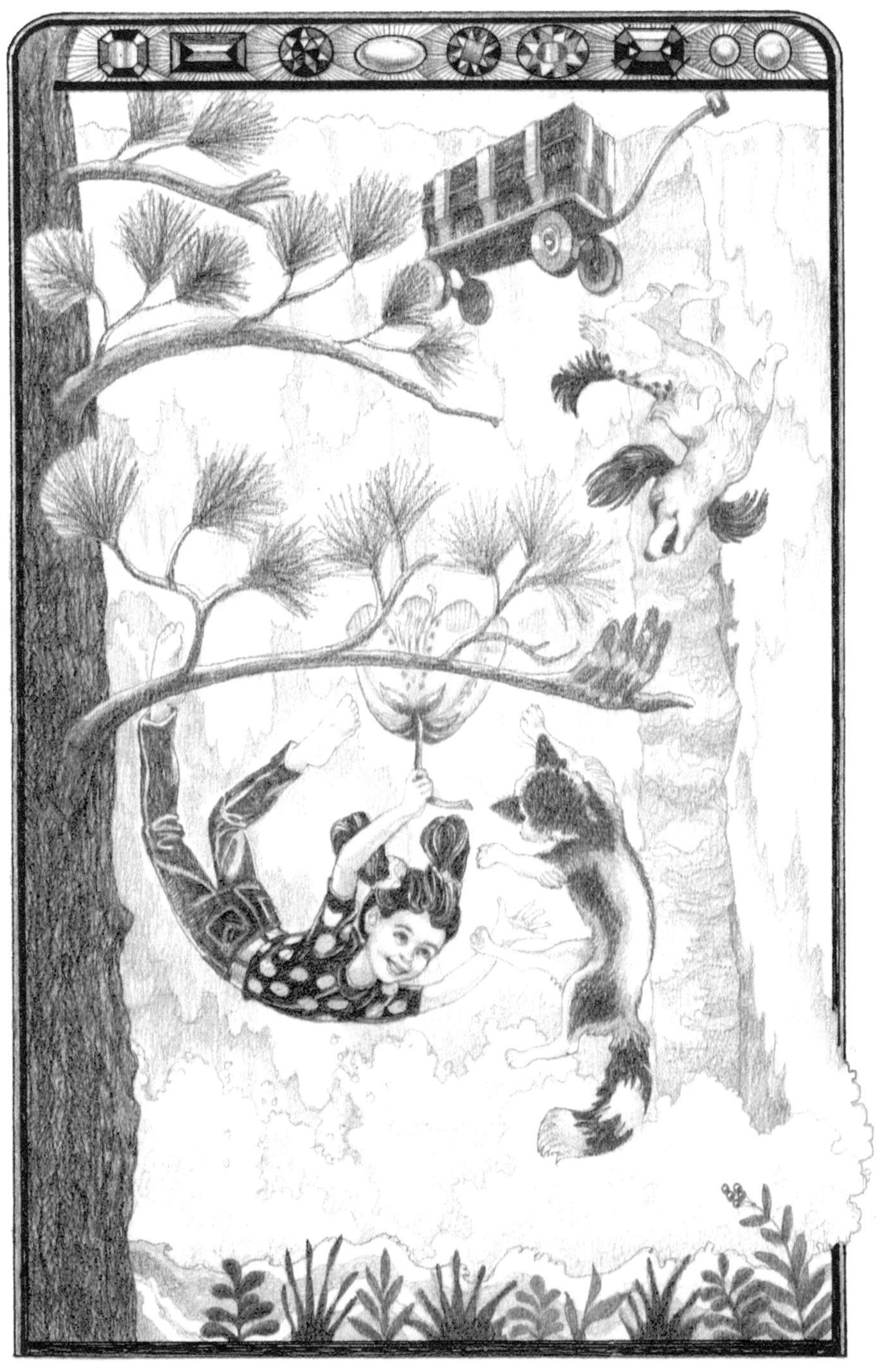

"翻腾穿过瀑布真是狂野"

"我们可以把很多水装进酷爱罐，但里面仍然有一些龙鳞，包括一些金色的龙鳞，我不确定该怎么处理这些鳞片。我不想释放另一只金火龙。我担心如果我们把它们放在沙子里，它们可能会重新生长。"经过几分钟的问题思考，她有了一个建议。"也许如果我们从希望与梦想之池倒一些水到这些鳞片上，它会扑灭龙的火？"

他们决定最好首先在最小的尺度上测试这个计划。基莉从瓶子里取出了一小片红鳞片，将它平铺在围绕水池的白色石头上，然后在上面滴了一点桶里的水。令人惊讶的事情发生了：龙鳞开始在他们的眼前消失。它嘶嘶作响，融化在白色石头中，小块被直接吸收到银沙中。

他们继续融化其他的鳞片，一次一个，直到没有留下何痕迹；邪恶龙的一切迹象都消失了，希望是永远的。基莉彻底冲洗了酷爱罐，放进了米拉小姐和弗兰基的眼泪，然后不断地加入水，直到瓶子不能再装下更多。梅奇来回摇晃瓶子，直到眼泪在液体中溶解，使它变成了淡黄色。基莉紧紧拧上盖子，以确保每一滴都安全。然后他们往红车的后车厢里倒了几桶装满水的水，溢出来了。红车的角落里还剩下两滴额外的眼泪，慢慢地变成了液体。

"希望还有另一个地方可以储存这些宝贝，"基莉说。

她看着自己的绿色牛仔靴，听到一个遥远的声音一遍又一遍地在她耳边回响："找到底部。那里藏着线索。"

"好吧，我想这就是答案——失踪的线索，"基莉自言自语地叹了口气。她先脱掉了靴子和袜子，然后脱掉了外套，卷起了牛仔裤，头朝下潜入了希望与梦想之池。水既温暖又凉爽；一簇簇象香槟一样大小的气泡刺激着她的鼻子，她感到一阵嘻喷的感觉。她深吸了一口气，屏住呼吸，试图睁大眼睛游到底部。水下发生了一件奇怪的事情：尽管她并不感到难过，但她开始哭泣。眼泪从她的内心深处涌出，从她的婆婆教她隐藏痛苦的秘密地方涌出，淹没了所有伤口的恶言，埋葬了她的悲伤。眼泪与蓝色的水混合在一起，涌出，直到她内心的悲伤完全清空。基莉感到轻松，焕然一新；她内心的恐惧、痛苦和孤独都被释放了。

她继续自由泳，游得更深，经过她周围闪烁着红紫色岩石的地方，她的手指触到了鹅卵石般的底部。基莉的眼睛不再流泪；水流进了她的眼睛，眼泪向内流淌，填满了她新鲜清空的内心，充满了新的希望和梦想。羊皮纸上的模糊线条在她的思绪中奏响：

泪水融化石头的心，
你会明白，
无论你做什么，
无论你去哪里，
答案就是你，
答案就是你。

她用双脚从底部发力，尽全力向上飞驰。一阵突然的呼气，伴随着喷射出的气泡和咯咯笑声，基莉浮出水面，看到两张担忧的脸从岩石沙滩上的自己望着她。

"我们以为你淹死了。你在那里待了这么久，我们真的很担心，"梅奇和格劳勒说。"你还好吗？"

"我很好。这种感觉是最棒的，"基莉笑着说。她并不真正理解刚刚发生了什么，但她知道她已经不同了，就像世界上所有的烦恼都从她的肩上卸下来了。

"是时候了，是时候回家了，"基莉说。"是时候让克莱娅再次开心笑了。"

眼泪在希望和梦想之池中流淌

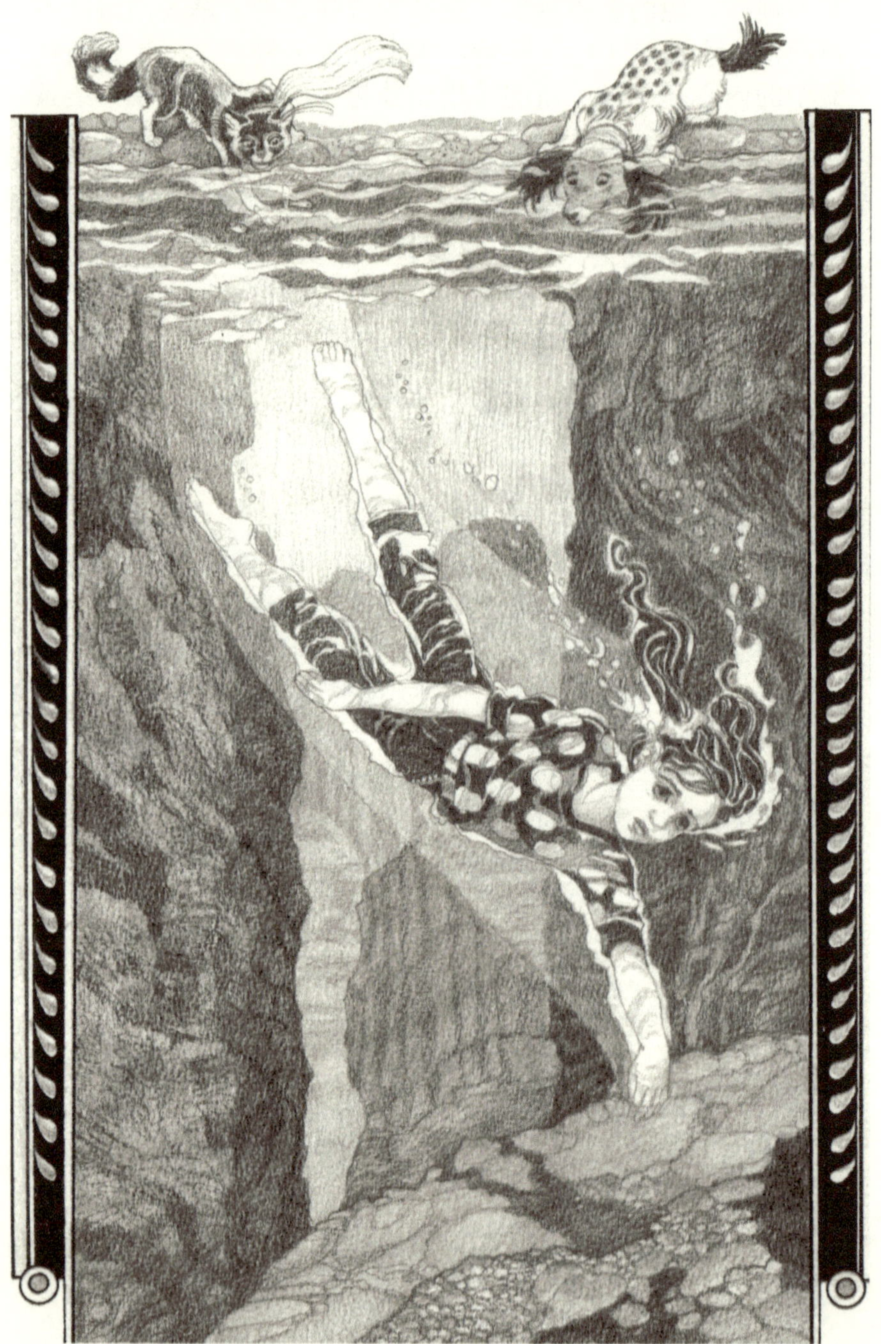

第二十五章

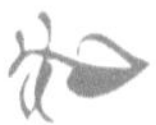

遗忘的长笛—遗失
的音符被找到

现在，克莱娅的状况继续恶化，玛吉几乎所有的时间都在马厩度过。克莱娅的呼吸急促而浅，每次轻微的呼吸都伴随着响亮的嘎嘎声。克莱娅被裹在毯子里，玛吉每小时都为她按摩腿部、背部和颈部，拼命地试图摩擦掉扩散的闪亮黄斑。她在阁楼的一个尘封的箱子中找到了被遗忘的银色长笛，这是她多年来没有吹奏的长笛。玛吉希望那些失落的音符能够像它们曾经抚慰她自己一样，减轻克莱娅的痛苦。这支长笛最初是她奶奶的，她的妈妈找到它并在玛丽亚离开后教她吹奏。这是在放弃玛丽亚后，为玛吉带来快乐和平静的少数几件事之一。然而，多年前它就被遗忘了，被打包在阁楼里，和周围遗失的记忆和梦想一起变得晦暗和布满尘埃。玛吉不确定为什么她会想到长笛；它是在她前往马厩的途中的一场暴雨中，幸福的情感像洪水一样涌来。她偏离了去克莱娅的道路，直接去了阁楼，并在旧玩具的袋子、手提箱、旧时丢弃的花哨衣物箱中疯狂地搜寻。最后，玛吉在一个装满她的长笛和长发玩偶姆菲的小手提箱中发现了那支晦暗的长笛，它们曾经是她的最爱，它们的橡皮筋绷断，坚硬的塑料手臂和腿脱落，睫毛一直能眨眼。

她把长笛擦拭到再次闪亮，带到马厩，抬起它放在嘴唇上。当她吹奏吹口时，玛吉闭上了眼睛，一串悠扬的音符悄悄地充满了寂静的房间，用爱的包围，将克莱娅淹没其中，让黄斑在短时间内消退，缓解了渗入每一次呼吸的痛苦。玛吉不停地吹奏，直到夜晚的角落再次被阴影充满。她把长笛放在小桌子上，然后走向房子和她的卧室，她的悲伤之泪与雨滴的持续哒哒声混为一体。

她没有进入客厅，也没有注意到沙漏中的红色沙粒几乎已经消失。

为克莱娅，玛吉试图用思维发送一条消息给基莉。拜托，基莉，快点过来。克莱娅需要你。我需要你。我爱你。

如果她仔细倾听，她会听到这些话一遍又一遍地在风中低声细语："我们来了，克莱娅。不要放弃。我们很快就会到达。我们爱你。"

第二十六章

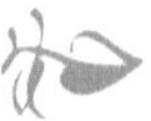

回家之路

离开"永远的一部分"比进入山谷要容易得多。再次听到风吟唱指引："在沙子中种下一朵花，浇水，看它生长"，基莉遵循了建议。她伸手从后口袋里拿出了他们很久以前采摘的最后两朵花的残骸。梅奇和格劳勒迅速在红色的沙子中挖了一个洞，基莉把撕碎的花瓣放进去，用沙子和白色的鹅卵石覆盖。她捧起双手，从银色的池塘里舀水，浇在埋葬的花朵上。她靠近岩石、泥土和沙子的堆积物，亲吻了微风，将它吹到了大地上。

"我们来了，克莱娅。不要放弃。我们很快就会到达。我们爱你。"他们的消息通过等待的风传递到克莱娅。

他们并不知道巨大的沙漏仍然在滑动它最后的沙粒到底部的一半。时间对于克莱娅来说正在耗尽，而他们却不知情。

队伍惊叹不已，目瞪口呆地看着一个马特洪峰形状的螺旋角从堆积的泥土和沙子中扭曲而出。但这一次，它没有向空中延伸，而是倒挂在地面上，深深地埋入沙子中，将泥土和石头扔得到处都是，而且它挖出山谷。这角是独一无二的，是银色和金色的混合物，曲线上长满了那种精致的蓝色冰川冰——就像公公说的那种在攀登冰川时发现的冰。他说，冰块断裂后，露出了冷到触摸的融化蓝冰的洞穴，但持有时却像火一样——光滑、平滑，而且锯齿状。当它继续朝着它的目标前进时，永远的一部分底部裂开，蓝天从裂缝中喷涌而出。角没有跌落到新的天窗中，正如人们所期望的那样，而是静静地悬挂在周围的星星口袋中，这些星星开始苏醒，开始为夜晚闪烁。

来自永远的外面的一股外部空气呼呼地吹过，吹到吓坏了的脸上。在不到一眨眼的时间里，在用手指绘制天空的时间内，紧急感侵入了他们的思维。格劳勒的脖子上的毛发竖了起来，基莉的胳膊再次起了鸡皮疙瘩，出于恐惧。"噢，不好。噢，不好。我们必须快点，更快，"他们一起低声说。

似乎知道该做什么，甚至没有事先讨论，基莉把红车拉到了天窗的裂缝前，让梅奇跳到她的肩膀上，然后让格劳勒跳到中间坐在她的后面。这是一个很紧凑的位置，挤进马车，不坐在水货上。基莉小心翼翼地平衡，一只脚仍然踩在破裂的边缘上，坐在红车的前面然后把手柄——她的方向盘——插进车内，开始下山，滑下独角兽的冰川过山车。

"咿呀，开耶！我们出发了，"她笑着，用力从被晶化的边缘上推开，从带着希望与梦想之池的隐藏山谷中冲出来。有一次差点出事，基莉来回甩动，绕道下坡，红-雪橇车，一个临时的绰号，差点翻车，就像真正的雪橇一样。格劳勒弹了出来，但他的牙齿紧紧咬住车厢的一侧，尾巴飘飘荡荡。沙滩桶倾斜到一边，有些水洒出来，但当红-雪橇车恢复平衡时，格劳勒和大多数水滴又回到车里，在可怕的下降中。

在顶端——角尖——他们溜了下来，着陆在一个冰淇淋锥形云块上，距离他们的目的地还很远。花了一些时间来确保每个人都没事，他们看到了令人惊讶的事情。梅奇和格劳勒的毛发和胡须都竖了起来，每根毛发都竖直向空中。基莉也是如此，甚至她的眉毛也试图站成警戒。

梅奇从基莉的肩上跳下来，小心翼翼地从基莉的衬衫领口分开爪子，小心翼翼地嗅了嗅空气，然后在云锥的边缘摇摇摆摆，发现了一个惊人的发现。

"快来看，亲们。看我发现了什么，"她以一个缓慢的、间歇性的节奏吟唱道。

　　三对眼睛一下子看向了云锥的角落，发现了一捆新鲜的彩虹丝带。没有人知道这彩虹丝带从哪里来，也不知道为什么它恰好储存在这片云中。然而，不多问问题，基莉立刻开始解开丝带，将它们牢牢绕在红车的车轮、车体和把手上。一些云块与彩虹带纠缠在一起，基莉让它们留下，一些云块顽固地依偎在红车的底部。接下来，她穿过格劳勒和梅奇恢复的围巾别针，它们的角色目前已经完成，然后将格劳勒连接到红车的引导组。只用几秒钟的时间，她平顺地整理了每个人的头发，包括她自己的，基莉指挥着她的小组。

　　"准备好飞了，"她说。"是时候上天了。我们要回家了。"这边的"永远的一部分"上，没有人怀疑彩虹丝带是否会再次生效。基莉深呼吸，睁大眼睛，她的思维加速了她的飞行。他们一起起飞，飞向消失的太阳落山和一轮橙色的月亮，光芒四射，正在升起，静静地等待。

　　基莉带头，梅奇跟在后面，然后是格劳勒，拉着装满水的红车，尽量快地前进。也许是因为他们想尽快回家，也许是因为他们都太累了，也许只是因为，没有人注意到封堵在车厢下的紫色泡泡殃开始脱落，宝贵的水滴滴落到阴影下的天空中。希望正在一点点流逝。

第二十七章

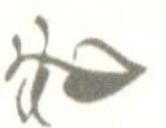

重聚

　　三颗心一起跳动，越来越响："克莱娅．克莱娅．克莱娅。"随着他们的接近，紫绿色的朦胧阴影更加靠近了大烟山，库特斯维尔在梦中。就在格劳勒飞越他们的家乡的边界时，最后几滴希望从红车中流出，吞噬了现在还抓住它的肚子下的漆黑云块。它们是基莉曾经不小心用彩虹带系在车上的棉花块，以及在飞行中黏在红车底部的其他零碎块。块团鼓胀，塞满了滴下的水滴，帮派对问题毫不知情。当他们飞向马厩时，云块松动，逐渐下垂，直到最后一根羽毛状的云手指松开了它们的握持，终于从红车上挣脱出来。它们飘荡了一会儿，悬浮着，迟疑着，背负着宝贵的货物。但这个负担太重了，他们无法阻止雨水的流淌。起初，它们只是吐了一些唾沫，然后，因为它们已经蓬胀到破裂，悄悄地在沉睡的山谷上洒下宝藏。

　　如果他们的眼睛只是跟随着滴落的水滴，他们将会见证到一些令人惊叹的事情，就像婆婆曾说过，美丽的思想触动了她的灵魂。滴落的水滴落在未被收集的垃圾和破碎的玻璃堆上，使它们消失了；草坪和野花地出现在充满污垢的、用作垃圾填埋场的空地上。修复的公园长椅、粉刷的房子、擦净的窗户、带有玫瑰、郁金香、茉莉花和其他未知花卉的公园和山坡都留在了雨水的路径上。在邮局前面，一排悬挂的黄铜花盆闪闪发光，几十年的暗锈不见了。而在第一缕日出的粉紫色中，花盆里溢出了许多绯红色的花——一串串的花朵在阳光下的阴影中跳舞，翻滚在地上。远下方，在婆婆的旧花园里，一滴水滴在了破碎的喷泉上。那只小巧纯白的大理石独角兽变成了金色；它的角轻微倾斜，裂痕消失了，再次向月光中高高喷水。它的欢笑声在隐藏的星星上弹跳，被抛光到光泽的青铜牌子揭示出曾经遗失的话语：

梦想、希望和愿望都能实现。相信"不可能是可能的。"

数百盏破碎的街灯重新开始闪烁。五颜六色的金属邮箱挺得笔直，红旗叠得整整齐齐。厚信封的角落伸出，表明了信件的到来。这个小镇感到兴奋，震惊，因喜悦而颤抖，重新充满希望和梦想。

降落在马厩外，小组立刻发现红车已经不再装满水，泡泡殃也不再伸展在孔上。哦，他们一起想到了。

"没事的，"基莉说。"那是多余的水。我敢肯定我们在桶和酷爱罐中有足够给克莱娅的水。他们没有注意到栏栅上刷了一层新的白漆，也没有注意到马厩周围盛开着一团团野花，或者上部的门上满是最绿的常春藤。

我不知道妈妈在哪里？我以为她会听到我们的到来。我知道她一直陪着克莱娅。基莉在她的思维中担心着，这些思维被梅奇和格劳勒都听到了。

抓住酷爱罐和水桶，小组匆匆走进了马厩。里面很暗，但他们能看到克莱娅的马厩旁边发出的灯罩发光，还有"无用"的灯笼在墙上闪烁，照亮了他们的路。摇摇欲坠的桌子上放着刚刚吹奏过的长笛，它的声音在已经不再播放的音阶中震耳欲聋，沉默了——失落的音符被遗忘，未被发现。基莉的妈妈不见了。

他们在克莱娅的马厩门前的开放处停了下来。从禁止搁置的小阁楼抽屉里拿出的蓝色婴儿毯仍然覆盖在克莱娅的脖子上，但她一动不动。没有听到浅浅的呼吸。

基莉的思维停滞了。"她一动不动，就像...不。我不会再想那个词；那是不可能的。不可能。"

　　她拼命地试图打开酷爱罐的盖子，但她的手不停地颤抖。她将它们按在牛仔裤上，控制颤抖，感到了左前口袋里的隆起。阴影中，一股声音再次对她低语："现在用它，基莉。给自己多争取一点时间。"

　　"我差点忘了这个。"她伸手进兜里，拿出了一把从希望和梦想之池附近的沙滩上拿的红沙。这是看起来像公公的沙漏沙的东西。她的手捏紧，就像天鹅的弯曲脖子一样，基莉让一些沙粒从她裂开的拳头中慢慢流淌出来，同时唱着一首舒缓的摇篮曲。梅奇和格劳勒默默地看着，轻声吹哨，温柔的叹息从克莱娅那里传来；毯子略微抬起，然后又下去，每一次呼吸都伴随着上升和下降。

　　"呼，"轻松的小组喊道，几乎听不到。

　　"梅奇和格劳勒，我需要你们帮忙处理这些沙子，"基莉说。"我想开始唤醒克莱娅，我必须让她喝水。我必须用两只手拿着罐子，但又不想一次性倒出所有的沙子。如果我将沙子撒在你们的皮毛上，你们可以一点点地摇出来，拉长克莱娅的时间。我还有一些红沙放在塑料袋里，以备不时之需。你们觉得怎么样？"

　　他们立刻都同意这是个好计划，迈出了步伐。基莉在它们的皮毛上撒下了剩下的红沙，轻轻覆盖从头到尾。一点沙子掉在了梅奇的胡须上；她左右摆动它们，然后大声打喷嚏，打破了寂静，撒在地上。三个人都笑了，微笑着释放了紧张和困扰的思想。梅奇和格劳勒制定了一个摇晃的计划。首先，梅奇会摇；接下来，格劳勒会颤抖；然后，他们会一起摇动尾巴。所以，在数到三时，他们按照如下的程序进行：

1. 摇晃！

2. 颤抖！

3. 抽搐！再来一遍：

1. 摇晃！

2. 颤抖！

3. 抽搐！——再来一次——

　　沙子从它们的皮毛上掉到了马厩的地板上，就在那位熟睡的克莱娅旁边。一些掉进了覆盖在沟坑上的木板走道缝隙之间，与他们旅行之前被公公的魔毯冲走的沙粒相连接。基莉俯身在克莱娅身边，开始抚摸她的脖子，挠挠她的耳朵，轻声低语。

"醒来，克莱娅。我们回来了。我们来帮你了。我们找到了可以治好你的药。醒来！"

基莉打开了酷爱罐的盖子，开始滴水在克莱娅的脸上，滴在她的眼睛和鼻子上，滴在她头顶上。她一直在鼓励克莱娅睁开眼睛。

起初，一只耳朵，然后是另一只耳朵，接下来，鼻子皱了皱，最后，睫毛眨动了。那些引人入胜的眼睛睁开了，明亮的紫色，没有白眼，中心是一个充满谜一般的花朵形状的金色。

"看看克莱娅眼中的花！"基莉惊叫道。"那是我们在旅途中找到的那朵花它引导我们进入了永远的一部分的山谷！我知道我在某处认出了那朵花。"她对这个发现如此兴奋，以至于她差点把水桶踢翻，幸好她在水差点洒满地时赶紧扶住了它。

"哎呀。我最好冷静下来，"基莉说。"好的，克莱娅，在我重新装满酷爱罐，把剩下的和桶里的水混合后，我希望你马上喝光它。这会让你康复。"

克莱娅甚至微微地笑了一下。"我会尽力的，基莉。只要有你、格劳勒和梅奇回到我身边，我已经感觉好多了。"

慢慢地，给予克莱娅吞咽的时间，基莉将来自希望和梦想之池的水，混合了弗兰基和米拉小姐的悲伤眼泪，喂给了她，一直喂到了最后一滴。没有一滴剩下。

随着每一口的吞咽，克莱娅的突起发生了不可思议的变化。首先，闪亮的蓝色中心消失了，然后黄色渐渐变成了绿色。绿色的突起收缩，最终完全消失。她纯白的外套，用淡蓝色的闪亮点点缀，重新出现；她角的脊纹闪烁；她的眼睛再次闪烁着旧日的精神。

随着最后的几滴水滴和吞下，克莱娅跳起来，高兴地摇动着头。

"谢谢你，基莉！谢谢你，格劳勒和梅奇！我最亲爱、最亲近的朋友，你们救了我的命。我感觉太棒了。让我们去摇晃！颤抖！抽搐！

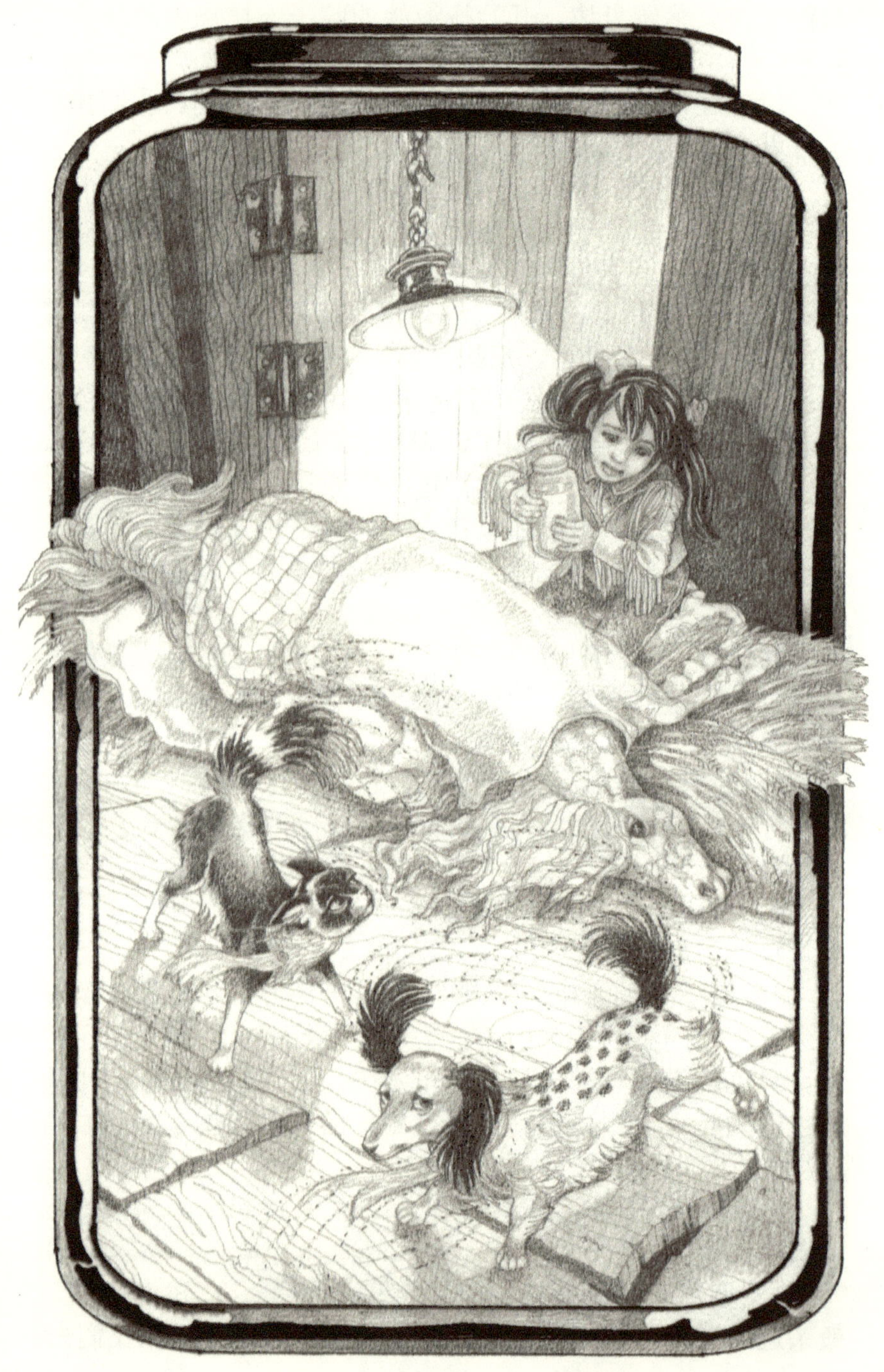

fl——” 但最后这个词还悬在半空中，因为克莱娅的思维转向了其他事情。她的头歪向一边，停下来听风的声音。她快速地跺着蹄子，转向基莉告诉她她的妈妈需要她立刻过去。他们必须立刻去找她。

他们的速度比消逝月光的影子还要快。只有梅奇注意到了马厩周围的变化，以及下面的小巷不再有垃圾和破碎的瓶子。他们飞越了通往基莉后院的门，所以没有看到它现在被粉刷过。有六扇雪白的百叶窗，“去歪了”，还有一副干净的窗户和没有修补的纱帘覆盖角落。门旁边站着新粉刷的黄色邮箱，门上略微鼓起，露出了一个大信封的边缘——邮件已经送到了。队伍停在基莉后门前，那一刻，他们都意识到基莉的后院确实发生了令人惊讶的事情。草地是绿色的，摸上去很软。引人注目的秋季花朵弥漫着空气，野花开放到日出，取代了几十年的煤场灰尘在骨头里的令人沮丧的气味。被碾过的梦境的空气中的腥味已经消失。靠在房子旁边的是一辆“崭新”的十速自行车。这是公公用来形容极少数情况下有人获得了从未被他人使用过的东西。它是亮粉红色的，有深酒红色的挡泥板，把手上挂着带有丝带的闪闪发光的飘带，几乎触及地面。

座位上挂着一张大卡片：

致：玛吉，

带着爱，圣诞老人

P. S. 很抱歉这么晚了。希望你还能用得上。

“看起来就像是一个捕梦捕手者来过这里，”基莉笑了。

“什么是捕梦捕手？”克莱娅问。

“以后我会解释。现在让我们立刻找到我的妈妈。”基莉的微笑忽然消失，因为她感觉到肯定有事情不对。他们急忙冲进房子，将新的后门屏风关上。

起初，整栋房子寂静无声，只有四人的喘息声。然后，他们听到远处传来微弱的哭声。基莉知道声音来自何处，示意她的朋友在厨房等她。她沿着走廊飞奔，路过客厅，尽可能快地爬上了拉下来的阁楼楼梯。哭声现在变得更大了，来自阁楼的一个角落的阴影。当基莉走近她母亲崩溃的身体时，她听到她的名字一遍又一遍地重复。

"基莉，基莉，基莉，请回家。我无法忍受再失去你，也不要失去克莱娅。我知道你永远不会原谅我。基莉，基莉，基莉，我不能失去你。"

基莉走到她母亲身边，将她拥入怀中。但即使在她拥抱了她，告诉她她一切都好，她又回到家了，她不会离开，她妈妈仍然不受控制地颤抖和哭泣。悲伤和痛苦拒绝离开，基莉不知道该怎么办；她以前从未见过她妈妈如此痛苦。

阁楼地上再次飘来一阵微风；基莉听着，开始唱着抚慰的旋律，抚摸她妈妈的头发，试图阻止她的眼泪。尽管基莉能感受到她妈妈的悲伤，但她的妈妈仍然在颤抖。当她哼唱时，她自己的泪水，来自她内心深处的那个深潭，滑出了她的眼睛，落在她妈妈身上。她内心的那些储存的泪水中每一滴，来自希望和梦想之池，都洗去了新的和旧的痛苦和悲伤。

眼泪融化了石头般的心，答案就是你；答案就是你，在基莉的思想中回荡。这首诗的话已经完整了。恐惧的颤抖停止了，疼痛的手指终于释放了玛吉心中的紧握，她充满了平静、快乐和希望。

微笑的阴影笑了，从她妈妈的嘴唇迅速蔓延到她的眼睛，然后到基莉的眼睛。他们俩紧紧拥抱在一起，她的妈妈仍然试图相信正在发生的事情是真的。她甚至掐了自己一下以确保这不是梦。

"哎哟。我猜这不是梦，"她说。"你终于回来了。"

然后她说出了基莉几乎一辈子都在等待听到的话："我非常爱你。"

"我也爱你，妈妈。"

第二十八章

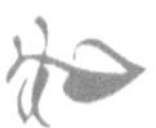

邮件

突然间，厨房传来巨大的撞击声和哗哗声，接着是一声大喊。"这是怎么回事？一只独角兽？一只独角兽？大家都在哪里？基莉，玛吉，我回来了！我们家里怎么会有一只独角兽？"

"爸爸回来了！"基莉兴奋地说，两人匆忙从阁楼的梯子上走下来，冲入他等候的怀抱。

整个小组试图同时说话，他们相互之间的笑声和对危险的惊叹之声交织在一起。基莉成了众人关注的中心，当克莱娅那仍然少女般、飘逸的声音打断了思维的流动时，喋喋不休的声音停了下来："基莉，是你救了我的命，我欠你一生的感激。你是一个朋友，陪伴到彩虹不再出现。"她感激地向基莉鞠了一躬。

基莉害羞地被表扬，嘟囔着"那没什么"，然后继续叙述他们一连串的冒险经历。梅奇和格劳勒提供了一系列生动的例子，展示了他们在旅程中所面临的危险，以及基莉不断展现的勇气、坚韧和领导力。

基莉当时没有注意到，但后来意识到她的妈妈和她的爸爸都能听到克莱娅、梅奇和格劳勒的对话，能理解他们的空中和心灵的言语。她不知道这一新现象是否是她瞬间的思维翻译能力的结果，还是她父母的思维现在变得开放了，但"不可能"已经明显变成了"可能"。

所有人都一直聊天到了清晨。当玛吉看到她的梦捕手传递的自行车时，她感到震惊和惊奇，记起了自己大约八岁时在圣诞节流星上许愿的事情。"我真的以为我永远不会得到一辆，但当一颗流星划过天空时，我许下了这个愿望。它完全如我所想，甚至到了把手柄上的彩色飘带变得格外长的地方。我简直不敢相信。"

太阳升起不久后，有几个人赶到后门，兴奋地敲响了门，每个人手里都拿着打开的信封，有一个声音比其他人的更大。

"你们收到了信。我们也收到了信。读你的信！"邻居从塔克家的邮箱里拿出一个厚厚的信封，递给了基莉的爸爸。人群握着自己的信，努力保守着自己的嘴巴，直到基莉的父亲打开信封，不要在不经思索地喊出信中的消息。

工厂们想再次来到这个城镇——一个汽车装配厂、一个软件公司，以及制造新型窗帘的工厂。这些信函提供的交易比以往提出的任何交易都要好，他们以前都认为这些土地毫无价值。此外，为所有愿意工作的人提供了工作，从高管职位到下层职位都有。这对库特斯维尔的每个居民来说都是一个梦想成真。

基莉不明白具体的细节是怎么回事，但她知道她的父亲不再需要一直旅行了。

"我的爸爸回来了。我的妈妈也回来了。我也回来了，"她说。

而克莱娅、梅奇和格劳勒也回家了，直到下一个冒险。